世纪波
Century Wave

Critical Selling

关键销售

——一流销售养成私房课

How Top Performers Accelerate
the Sales Process and Close More Deals

[美] 尼克·凯恩（Nick Kane）
贾斯汀·扎普拉（Justin Zappulla） 著
郑晓蓉 黄玉荣 陈义家 译

電子工業出版社
Publishing House of Electronics Industry
北京·BEIJING

Nick Kane and Justin Zappulla: Critical Selling: How Top Performers Accelerate the Sales Process and Close More Deals
ISBN: 978-1118729830

版权贸易合同登记号　图字：01-2016-1547

图书在版编目（CIP）数据

关键销售：一流销售养成私房课 /（美）尼克·凯恩（Nick Kane），（美）贾斯汀·扎普拉（Justin Zappulla）著；郑晓蓉，黄玉荣，陈义家译. —北京：电子工业出版社，2017.4
书名原文：Critical Selling: How Top Performers Accelerate the Sales Process and Close More Deals
ISBN 978-7-121-31112-3

Ⅰ. ①关… Ⅱ. ①尼… ②贾… ③郑… ④黄… ⑤陈… Ⅲ. ①销售—方法 Ⅳ. ①F713.3

中国版本图书馆 CIP 数据核字(2017)第 055582 号

策划编辑：晋　晶
责任编辑：杨洪军
印　　刷：三河市鑫金马印装有限公司
装　　订：三河市鑫金马印装有限公司
出版发行：电子工业出版社
　　　　　北京市海淀区万寿路 173 信箱　邮编 100036
开　　本：720×1000　1/16　印张：12.75　字数：152 千字
版　　次：2017 年 4 月第 1 版
印　　次：2017 年 4 月第 1 次印刷
定　　价：39.00 元

凡所购买电子工业出版社图书有缺损问题，请向购买书店调换。若书店售缺，请与本社发行部联系，联系及邮购电话：（010）88254888，88258888。
质量投诉请发邮件至 zlts@phei.com.cn，盗版侵权举报请发邮件至 dbqq@phei.com.cn。
本书咨询联系方式：（010）88254199，sjb@phei.com.cn。

前　言

关键销售：专注最重要的事

如今，达到或超出季度预期变得比以往更为重要。在这样的年代，各家公司不断想方设法提升销售业绩，这已不是秘密。销售是所有公司的命脉。因此，专注于提升销售业绩是公司每位员工——从最高管理人员到中层管理人员，再到每天在一线工作的销售人员——工作的重中之重。

销售机构要想在当今竞争激烈的全球市场中求生存，必须有良好的业绩，超越竞争对手。要做到这一点，有大量的工作必须做到位。这些工作包括：

- 正确的销售策略。
- 清晰的价值定位。
- 明确的销售进程。
- 合适的销售才能。
- 有效的销售工具。

如果销售机构打算竭尽全力来发展业务，那么上述各个方面都极为重要。但在销售业务中，最重要的部分则是销售人员和顾客之间的沟通情况。

如今，人们依然需要购买物品，这是事实。销售策略、销售进程、清晰的价值定位都很重要。但是，能否达成交易获得销售成功最终是由销售人员在关键时刻的表现决定的。这一切都可以归结为销售进程的具体实施。

一流销售人员总是在思考如何更好地完成每一笔交易。面对每一位顾客，他们都会花时间琢磨针对该顾客的最有效方式，及时了解新技巧、最佳手段，以及能带来最佳效果的实施过程。总之，他们在不断寻求关键、具体的方法来提升销售业绩。

我们将介绍“关键销售框架”。这是经过验证了的实用方法，它能帮助各行各业的销售人员——各种行业、各种规模的公司——把对顾客的销售拜访做到无可挑剔，加快销售进程，达成更多交易。我们用了十多年的时间进行研究，找到用来培养世界一流销售人员的最佳方法。我们的研究专注于两个关键因素：销售人员和顾客。在销售方面，我们已经和几百家销售机构及几千名销售人员进行了合作，了解了一流销售人员是如何赢得更多交易的，他们做了哪些其他普通销售人员没有做的事情。在购买方面，我们对顾客进行了深入研究，考察他们如何对产品和服务进行研究和评估，如何最终做出购买决定。我们的研究结果贯穿在本书所概述的销售方法中。

“关键销售框架”是一个已经在现实世界里获得了成功的方法。遵循本书所介绍的技巧、策略和最佳方法能够确保销售人员做好充分准备，加快销售进程，达成更多交易。

在我们所进行的研究中，最为显著的发现之一是，顾客正在发生变化。当今的顾客：

- 更了解产品、服务和销售周期。
- 在接触销售人员之前，就已经对可选择的产品和服务进行了全面的研究。
- 对销售周期期望更高。
- 越来越不能容忍采用激进销售手段的销售人员。
- 不愿意听销售人员的推销宣传，只愿意听取量身打造的解决方案。
- 希望销售人员为销售对话提供有价值的见解、想法和建议。
- 更重视时间。
- 容易获得更多的选择。

顾客行为发生了重大变化。这意味着，销售人员也必须做出改变。如今的一流销售人员必须适应更忙碌、更聪明、更精明的顾客。这些顾客要求更多、期望更高。如果销售人员乐于接受不断变化的形势，根据“关键销售框架”对销售方法做细微调整，那么他们将获得更大、更好、更为可观的成果，为顾客和自己的机构创造更多的价值。

在后面的章节里，我们将讨论具体的策略、技巧和最佳手段。这些方面如果被充分采纳，那么将有助于当今的销售人员跟上未来顾客的步伐。我们还将讨论如何处理常见的失误。如果你积极采用本书所介绍的方法，那么你将学会：

- 快速发现对顾客最为重要的事物，从而加快销售进程。
- 运用有效的建立关系的最佳手段，和顾客建立良好关系，赢得顾客的信任。

- 为销售对话添加价值、想法和建议，使自己在竞争对手中脱颖而出。
- 减少异议的数量，有效应对来自顾客的异议和阻力——在销售进程的每个阶段都应如此。
- 采用经过验证的、基于研究的销售方法，达成更多交易。

当然，如果你没有和顾客建立良好关系，那么你就不能加快销售进程，达成更多交易。只有和顾客建立良好关系，才能有好的销售业绩。事实依然如此。当也只有当你能够和顾客建立信任时，才能和顾客建立良好关系。一流销售人员绝不仅仅只是脸上挂着灿烂笑容、握手坚定有力、只知道拿订单的人。一流销售人员不仅能够打动顾客，他们更善于详述产品的信息、价值和益处，他们能做得和其他人一样好——甚至超越其他人。他们知道如何深入调查，了解顾客需求，解释他们的产品和服务如何能满足顾客的需求。他们建立了和顾客间的信任感，建立了和顾客间的良好关系。如此一来，他们就成为受信赖的销售顾问，懂得如何向当今顾客推销产品和服务。

向当今顾客进行推销比以往任何时候都更具有挑战性。如今的顾客比几年前更有见识，他们甚至在和销售人员接触之前，就很可能已经做了一些研究。因此，销售人员不能只抱有这样的想法，认为只需对自家的产品进行展示，或者对所提供的服务进行介绍，销售对话就算开始了——他们还需要明白顾客目前处于销售进程的哪个阶段，并使用相应的销售策略。如今精明的顾客不需要那种只滔滔不绝介绍产品的规格和相关数据，然后要求顾客在合同上签字的销售人员。他们需要的是能够和他们分享见解和建议，为销售对话增添价值的销售人员。他们需要销售人员帮他们做出理智的购买决定。他们希望销售人员能够花时间去发现他们的需求。他们寻找的是已经从拿订单的人逐步演变为受信赖的顾问的销售人员。

在第 1 章，我们将讨论如何向当今顾客销售产品和服务。如今市场竞争激烈、变化不断，销售人员在这样的市场环境里销售产品和服务，需要建立包括关键销售技巧和最佳手段在内的有效的销售关系，建立信任感和可信度。这种信任感和可信度能使任何行业的销售人员——无论是企业对企业的商业模式，还是企业对顾客的商业模式——在整个销售周期中以顾客为中心进行思考、采取行动、进行交流。这是因为，尽管在销售界有各种变化，但顾客依然是所有成功销售方法的中心。一流销售人员明白，如果他们想跟上顾客改变的步伐，他们就需要进行改变。

当然，变化并非发生在顷刻之间。因此，第一步需要采取的措施就是欣然做出必要的改变。这意味着，如果销售人员力求提升业绩，那么他们需要拥有正确的心态。就理解、接受并实践“关键销售框架”而言，他们必须全身心投入其中。在采用能不断提升业绩的技巧时，至关重要的一点是要乐于接受改变。我们将在第 2 章对这一点进行探讨。

一流销售人员明白，向当今的顾客销售产品和服务，他们必须在整个销售进程中都为顾客提供与众不同的体验，并找到增加有形价值的独特方法。但如果你确实想成为一流销售人员，那么首先你必须相信销售进程的作用，全身心投入其中。如果你想加快销售进程，达成更多交易，你必须拥有正确的心态。

这意味着，你必须接受培训，进行练习。你需要接受这样一种可能性，即你的销售方法总有提升的空间。这并不是说，你在以往的职业生涯中所积累的经验、见解或智慧没有价值。实际上，这意味着，在当今竞争激烈的市场环境下，你必须认识到，顾客在不断发生变化，销售也在不断发生变化。因此，如果你想跟上顾客（以及竞争对手）的步伐，那么你也必须做出改变。要做到这一点，你必须相信，该销售进程将为你和顾客带来实际利益。

在第 2 章，我们将讨论全身心投入并遵循“关键销售框架”的重要性。我们将探讨为什么一流销售人员明白，获得更多更好交易的关键不在于“总是在商定成交”，而在于“总是在进步”。这是为什么呢？这是因为同类最佳群体——一流销售人员——明白，练习是成功的关键因素。

要做出改变不容易。在学习的过程中，需要反复尝试和摸索，也可能因此感觉到笨拙。一流销售人员明白，要相信改变会带来好前景，相信自始至终都要遵循“关键销售框架”，只有这样才能让其得以奏效。“关键销售框架”并非可以随意选择的事物。它是经过验证的、符合逻辑的实用方法。它能加快销售进程，达成更多交易，同时建立和顾客间的信任感，培养持久互利的关系。

将策略、技巧和最佳手段整合在一起需要进行策划，策划是整个“关键销售框架”的基础。为什么？因为你并非只是在销售进程的初期才进行策划，之后只需核对任务清单即可，实际上，在销售周期的每个阶段，有效的策划都很重要。一流销售人员很清楚这一点。他们还知道，销售人员不仅需要为每次销售拜访提前进行规划部署，还需要进行事后反思。此外，他们还清楚为每次销售拜访进行策划和反思的益处。

概述销售拜访的关键目标属于策划的一部分。在第 3 章，我们将探讨设定目标的重要性，探讨设定目标如何才能帮助销售人员和顾客建立良好关系，如何加快销售进程。我们还将讨论促使策划发挥作用的多种工具和资源。

策划之后就是开场阶段。良好的开场并不会偶然发生。销售活动并不会因为有了预先录制的台词或熟记的脚本而开场。我们通过研究发现，有太多销售人员在和顾客开始销售对话时，过于频繁地依赖陈腐的销售宣传。另外，我们还发现，一流销售人员明白为每位顾客精心准备个性化开场的重要性。

一流销售人员明白，良好的开场要求销售人员采取明确的、有意向性的步骤，确定在拜访的前几分钟所要做的事，这些都将为和顾客建立良好关系、培养默契打好基础，定下调子。这将促使你步入正轨，和顾客建立更强劲、更持久的关系。

一流销售人员明白良好开场的益处。他们明白，这不是要把他们的个性强加到顾客头上，而是要明白顾客的风格，从而对谈话进行调整。能够完善开场艺术的销售人员发现，有了良好的开场，销售周期的其余阶段自然就会变得明朗化。

在第 4 章，我们将探讨良好开场的几个要素。我们将探讨众多的销售人员如何苦苦思索，以确定应该对顾客说哪些话，使得谈话从一开始就走上正轨。我们将讨论一流销售人员如何克服这些困难，从而成功地和顾客开始交流，快速建立融洽关系的过程。我们还将分析“陈述合理目的”如何帮助销售人员和顾客建立良好关系，调整预期，成功地引导销售对话。我们将讨论进一步确认和顾客就目标达成共识的重要性。最后，我们将探讨这一阶段的最佳手段及常见失误。

有了良好的开场，“关键销售框架”的下一个阶段则和主要了解有关。遗憾的是，我们的研究表明，有太多销售人员没有正视这个关键步骤。他们有时候是由于仓促，有时候是出于懒惰，有时候则是出于害怕。但是发现阶段对于了解顾客并建立信任至关重要——认真处理好这一步确实有助于加快整个销售进程。

发现顾客的需求及顾客做出购买决定的驱动因素要求销售人员做两件事：一是提问，二是倾听顾客的回答。这看似简单，但是出于多种原因，许多销售人员很难运用这两个关键技巧。请记住，做好这两件事极为重要，这有助于销售人员和顾客建立良好关系，成为受信赖的顾问，为顾客提供满足其需求的解决方案。

在第 5 章，我们将探讨如何提出合适的问题，如何成为积极主动的聆听者。我们将分析一流销售人员要完全了解顾客需求必须重点关注的关键区域。我们将解释发现阶段的成功实施如何能使你从竞争对手中脱颖而出。最后，我们将探讨一流销售人员在本阶段采取了哪些措施来确保该阶段的成功——以及一般的销售人员在哪些方面做得不到位。

我们已经看到（接下来将对此做进一步讨论），如今的顾客对销售人员的推销宣传不感兴趣。许多销售人员从开场阶段直接过渡到最后商定阶段（他们很难压制住以往的“总是在商定成交”的符咒），这一直以来都是一个严重的错误。许多销售人员花费了大量时间来完善推销宣传，但是向顾客展示一个熟记的、通用的解决方案几乎从不会如你所愿地发挥作用。成功的要诀是拿出为每位顾客专门定制的解决方案。

一流销售人员明白，开场和发现阶段的成功实施可以为做出满足顾客及其需求的方案陈述铺平道路。所以，我们将在第 6 章探讨一流销售人员在此阶段会如何应对，从策划方案到专门打造解决方案，再到寻求顾客反馈。一流销售人员还懂得将解决方案和顾客的需求联系起来的重要性。这种联系有助于增加每位顾客的自信，而这种自信正是顾客在做出购买决定时所需要的——要坦然面对顾客的决定。我们将讨论这种联系为什么能起这样的作用。要做到这一点，销售人员需要了解顾客的需求。我们将探讨第5章所讨论的重要的关注领域对此阶段会造成的影响。我们还将探讨此阶段的最佳方法（如使方案陈述有说服力）和易犯的常见错误（如机械地陈述方案）。

目前，我们应该很清楚，“关键销售框架”并不认同“你应该总是在商定成交”这句老话。“总是在商定成交”这个已经过时的符咒影响销售人员的时间实在太长了。“成交”既不应该是强迫的、被动的，也不应该令人感到出乎意料。事实上，在实际中运用“关键销售框架”技巧的一流销售人员明白，因为他们有效利用了该销售周期所体现出来的动力，所以只要他们策划好每次销售拜访，实现良好的开场，发现顾客的需求，进行有说服力的交流，交易自然而然就会达成。

我们将在第7章探讨一流销售人员何时抓住机会，如何抓住机会，并保障为之付出了努力的成果。我们将探讨顺利成交的四个关键步骤，以及在此阶段成为受信赖的顾问和顾客进行直接坦诚交流的好处。

说到底，达成交易应该是水到渠成的事，不应该让人感觉到仓促或者压力大。销售人员应该充分利用和顾客在整个销售进程中所创造的动力来达成交易。事实上，认真完成每一步确实能更好地达成交易，也容易得多。

当然，实施好每一个步骤并不意味着你永远不会听到顾客的异议。

很少有人喜欢听到异议，尤其是来自顾客的异议。但是处理异议是销售人员工作的一部分。一流销售人员明白，在销售周期的任何时刻都可能出现异议。遵循“关键销售框架”的销售人员明白，完好的销售进程本身就能够减少异议的数量。这是为什么呢？因为提出合适的问题，倾听回答，根据顾客的需求制订解决方案，对于解决顾客最为担忧的事物大有帮助，并且通常在顾客说出他们的担忧之前，就已经开始着手解决这些担忧。

每一位销售人员都想尽量减少异议，“关键销售框架”正好能帮助你做到这一点。我们在第 8 章将谈论销售人员能够（并且应该）使用处理异议的四个关键技巧。我们将探讨如何处理那些连顾客自身都难以表达的异议。我们将仔细探讨如何处理价格异议。价格异议是销售中最为棘手的问题之一，也是严重困扰绝大多数销售人员的问题。另外，我们将讨论一流销售人员把异议视为机会而非障碍的原因（以及你也应该视异议为机会的原因）。

现在是采用新销售方法的好时机。对于销售人员而言，接受这一观点可能较为困难。做出改变不容易。但遵循“关键销售框架”的一流销售人员明白，这不是一劳永逸的事。一流销售人员不断地对策划、开场、发现和最后商定四个阶段进行练习。他们认真思考，进行评估，从那些已经奏效的和不奏效的事物中吸取经验。重要的是，他们乐意接受改变、接受新过程和新手段、接受购买和销售领域中的各种发展演变。

我们明白，有许多提高销售业绩的方法。有大量号称可以帮助销售人员达成更多交易的手段、资源、器具和方案。我们知道——因为研究已经证明——接下来要和你们分享的销售进程是提高销售业绩、达成更多交易、更快达成交易并收到更少异议的最有效方法之一。这是因为，销售并不只是关系到工具或器具或方案。我们在之前就已经说过，销售活动最终要归结到销售人员和顾客——以及他们之间的交流。销售就是指在销售进程的关键时刻实施合适的行为，以获取预期结果。

本书所提供的销售进程经过了验证，它告诉销售人员应该如何应对各个关键时刻。该过程能帮助销售人员改进与顾客打交道的方法，建立信任，缩短销售周期，达成更多交易。我们已经在关键销售项目中培训了几千名销售人员，从几百家公司和几千名销售人员身上获取了受研究驱使的洞察力，我们已经学会了如何制定最有效的销售方法来应对当今顾客。

一流销售人员乐意采纳这个销售进程，并经常进行练习，他们明白，做到这些将有利于他们的公司、顾客以及他们自身的职业。他们最先采取的一个步骤是，要明白拥有正确的心态是提升业绩的关键。接下来我们将对此进行详细探讨。但是在此之前，我们首先需要了解顾客已经发生了哪些变化。对于整个销售进程而言，尤其是对于销售人员而言，顾客的改变到底意味着什么。我们将在第1章中对此进行探讨。

目 录

Critical Selling

第 1 章

当今销售之道：以顾客为中心

当前，技术日益进步，经济仍在复苏，其中有些领域还有待从经济大萧条中恢复过来，销售竞争加剧。以上各种因素都可能是销售发生改变的原因。但无论出于何种原因，都不能否认这样一个事实，即销售正在发生变化，并且是巨大的变化。例如，研究人员指出："各家公司的报告显示，销售周期变长了，转化率更低了，预测的可信度降低了，利润缩减了。"

如果销售形势正在发生变化，那么购买形势也同样在发生变化。购买行为在许多方面都发生了改变。当然，当前的顾客一直都不同于以往，将来也依然如此。从生产时代到销售时代，再到营销时代，进而到信息时代，销售行为和购买行为都发生了变化，它们随着时代、需求以及技术的变化而逐步发生改变。如今也一样——只是变化的速度有所不同。

在过去，销售人员掌控整个局势。如果顾客需要某种产品或服务，那么销售人员就为他提供所有信息，并帮助他理解，销售人员引导着销售对话。而现如今，整个情形差不多颠倒过来了。

现在，顾客在很大程度上掌控了销售对话。实际上，许多研究表明，顾客在和销售人员接触之前，就已经做了大量的准备工作，管理者们也认同这一点。有报告显示，顾客在联系销售人员时，就已经做了多达 60% 的准备工作。

这些研究发现绝对具有重大意义。如今，技术日益变化，经济形势颇具挑战性，全球竞争加剧。除此之外，销售人员还必须应对有备而来的顾客。当今的顾客受教育程度更高，更懂技术，也比以往更为忙碌。顾客通常知道自己想要什么，了解商品或服务的成本，以及获取商品或服务的时间。他们很了解你和你的竞争对手所提供的产品和服务，甚至还清楚你的产品及服务和你的竞争对手有哪些不同。

因此，你和你的公司凭借商品和服务脱颖而出将变得越来越困难。多种产品及其特征、各种选择及其优势、各种价格和特价——所有这些细微差别组合在一起，可能会显示出你的产品和服务与竞争对手有些许不同，但事实是，很难在各个细微方面体现出差别。因此，当今的销售人员面临着一个重大挑战：如何使他们的产品和服务从所有那些以相似价格出售的相似产品和服务中脱颖而出？

要想获得成功，当今一流销售人员必须想方设法使自己与众不同，这一点极为关键。他们不是单纯依靠产品和服务，而是采取有效的销售方式，增加自身的价值。他们建立和顾客之间的信任感，培养和顾客之间的关系，成为受信赖的顾问，也因此而变得与众不同。当销售人员面对苛刻的顾客时，如果能够做到这些，就能取得更多的成功。

自始至终，我们都要讨论当今这些变化是如何影响销售对话的。我们将探讨在以顾客为中心的情况下，在关键销售框架里如何有效运用措施帮助加快销售进程，促成更多交易。我们还将分别探讨策划、开场、发现、方案展示和交易等各阶段，以及如何克服各种不足。但是目前，我们重点探讨的对象是当今成功销售人员所必备的素质。因为，最为关键的一点是：尽管有各种各样的变化，销售依然主要与顾客有关。

这也意味着，当今的销售人员必须以顾客为中心。我们的研究表明，一流销售人员以顾客为中心，他们做到了以下关键的几点：当和顾客打交道时，无论顾客处于决策过程中的哪个阶段，他们都会使用正确的销售方法。他们了解顾客对他们的看法。最终，他们努力成为值得信赖的销售顾问。但在他们成功做到上述任何一点之前，必须首先认识到（并接受）这样一个事实，即顾客已经发生改变，不再同于以往。

识别顾客的变化

往昔的范例、顾客以及销售方法已经不再适用。推销和销售行为正处于发展演变之中。在很多情况下，顾客往往到了较晚的阶段才开始和销售人员打交道（这种情况的发生在很大程度上取决于销售进程的复杂性）。用某些标准来衡量，等到顾客开始和销售人员接触时，他们已经完成了大部分传统意义上的销售进程。例如，《福布斯》近来指出，57%的销售进程都已经消失了。

面对这样的数据，否认销售正在发生变化以及顾客已经发生改变的事实没有任何意义。如今的顾客不愿意在长时间的决策过程中受到销售人员手把手的引导。实际上，顾客自己可以接触到大量信息。他们可能在和销售人员打交道之前，就已经了解自身的需求（或至少他们认为已经明白自身需求）。许多顾客甚至已经开始考虑某些可能满足其需求的特定产品或服务，这一切都纯粹基于他们对你公司的了解程度。

顾客可以获取的信息太多了，所以他们能够做到这一点。你和竞争对手的网站、行业网站、网络社交媒体、传统媒体、网络上的、个人的以及专业的参考信息等，所有这些信息源都为顾客提供了研究的途径，他们可以据此确定哪些产品和服务能够满足他们的需求，这样一来，许多过去由销售人员做的工作如今都由顾客完成了。因此，顾客在购买决策过程中的行为超出了销售人员所熟悉的范围。

顾客不仅做了许多研究工作，而且经常自己寻求解决方法。他们做研究，从各种渠道获取信息，从而确定哪些产品和解决方法能够满足自己的需求。当今的顾客了解自身的所需所求，也知道该如何获取满足。此外，当今的顾客不仅明白他们有各种各样的选择，甚至还明白这些选择有哪些差别。他们有能力做调查研究，有时候还能够确定不同的选择在价格、特征和优势方面的差异所在。

除了上述几点之外，还有一点就是，顾客比以往更为忙碌——实际上，我们人人都是如此。我们的时间更少，要做的事情却更多。在这个无法逃脱且极为忙碌的世界里，我们时间紧迫，需要解决一个又一个问题。顾客既忙碌，要求又高，其他人也是如此。他们可以用来和销售人员打交道的时间更少（和销售人员打交道的意愿也更弱）。

面对这些变化，一流销售人员意识到，他们的世界已经发生了改变。在过去，顾客见识少，销售人员可以把精选出来的文字信息与顾客分享。但如今，他们不会把时间浪费在怀念旧时的美好时光上。他们不会费力去“总是追求成交”，抑或是采用强行推销法。实际上，他们接受了顾客已经发生变化的事实，因此，他们也不得不做出改变。销售工作和销售活动必须随着顾客和购买活动的变化而变化。

一流销售人员明白，当今的顾客需要的是有准备、积极肯干、能够在销售进程的任意阶段与他们打交道的销售人员。他们不愿意销售人员重述他们早已了解的信息，浪费他们的时间。一流销售人员明白，要想向当今的高要求顾客推销成功，就必须采用新方法。

■ 运用正确的销售方法

当今的顾客不愿意在那些不能为他们提供有形价值的销售人员身上浪费时间。他们不太需要接受长篇大论的教育。有些销售人员与其说想满足顾客的需求，不如说一心想卖掉自己的商品，如一卡车的小玩意儿。当今的顾客根本不愿意和这样的销售人员打交道。所以，销售人员在和顾客打交道时，必须运用正确的销售方法。

时过境迁，购买和销售行为已经发生改变，正确销售方法的核心依然是以顾客为中心。当今的销售人员每次和顾客打交道时，依然需要向顾客提问，听取顾客的回答，并确认双方都完全理解对方的意思。他们必须清楚顾客已经做了哪些准备工作，目前处于销售进程的哪个阶段。他们还必须明白并重视顾客已经做了多少跑腿的活儿。但最为重要的或许是，他们必须记住，在正确的销售方法中顾客依然是核心。

一流销售人员向顾客表明，顾客的需求至上。他们把顾客的需求排在自身需求之前，他们下定决心帮助顾客解决问题。他们明白，首要任务是帮助顾客获得他们所期望的结果。

这个工作重心必须成为任何销售方法的核心——这必须出于真心。一流销售人员告诉顾客，他们想帮助顾客找到合适的解决方案，此时此刻，他们不是在表演，他们是真心实意地想帮助顾客。这当然是好事，因为当今精明的顾客能够看出销售人员是否真的具有诚意。如果销售人员更关注生意的成交，而不是帮助顾客为其提供解决方案，那么顾客是能够觉察到的。

所以，一流销售人员运用以顾客为中心的销售方法，而不是完全运用事先写好的销售方法。他们力图完全理解顾客的需求，因为他们知道，正是这些需求带来了购买—销售—机会。要想满足顾客的需求，你需要了解顾客，对顾客刨根问底，这样你才能发现驱使顾客做出购买决定的是什么，顾客最重视的是什么，顾客的需求是什么，优先考虑的是什么，目标是什么。尽管顾客的购买行为发生了这样那样的变化，但这一点依然未变。

事实上，这一点变得比以往更为重要。向顾客提问，更好地了解顾客已知的和未知的需求，积极听取顾客的回答，了解顾客在购买进程中所处的位置，这些都是当今成功销售的关键行为。只有通过了解这些有关顾客的关键信息，你才能策划出满足顾客需求的合适的解决方案。也只有在那个时候，你才能在谈判桌上运用你的专长、眼力和见解，以竞争对手无法比拟的方式来帮助你的顾客。

顾客获取的信息很可能比以往任何时候都要多。他们很可能做更多的研究。因此，他们更了解那些能够满足自身需求的解决方案。但是这并不意味着他们总是对的，不会接受其他意见、更深刻的见解以及有用的建议。这也正是你的用武之地。

我们的研究表明，顾客看重那些能为销售进程带来其他意见、更深刻的见解及有用的建议的销售人员。如今，你不能只询问顾客他们想要什么，然后填写订货单。你必须向顾客表明，身为销售人员，你博学有见识，能为顾客提供相应的帮助。你将仔细评估顾客的需求，提供可靠的见解，提供有价值的建议。

你正是通过这些展示了你身上不同于甚至优于竞争对手的素质。一流销售人员非常了解自己的产品和服务，对自己所在的机构了如指掌。他们也熟悉竞争对手，以及他们所处的行业。他们深思熟虑后向顾客提出问题，积极听取顾客的回答，从而深入了解顾客。他们因此而成为分化点。你同样可以做到这些。作为一流销售人员，你能为自身的技能增添价值，发现顾客的未知需求，为顾客提供见解和建议——只有你才能为顾客提供这些见解和建议。

你可能认为，自己公司所提供的产品或服务是独一无二的，其他机构无法与之媲美。但事实是，一旦你的公司推出某个新特色，你的竞争对手就会设法做到更胜一筹。无论你认为自己的产品或服务有多独特，你的竞争对手都会努力复制出相同的产品或服务，并设法超越你。你所能提供的其他人无法做到的唯一事物就是你自己。能在当今日新月异的市场中获取成功并以顾客为中心的销售人员明白，他们能通过自己的销售方法提供无可比拟的价值。

当然，他们也明白，仅凭深入了解顾客，提供明智的建议并不总能行得通。当今的顾客比以往更为忙碌，最让顾客感到厌烦的是那些浪费他们时间的销售人员。一流销售人员尊重顾客的宝贵时间。他们花时间为每一次销售对话做规划。为了充分地利用和顾客交往的有限时间，他们在每次销售交流之前、之中、之后，都只进行合适的活动。

在接下来的章节里，我们会进一步探讨采用“关键销售框架”将如何帮助你和顾客节省时间。但目前我们要指出，销售人员应当明智地使用时间。例如，他们通过对顾客进行研究，就不会浪费宝贵的时间询问那些提前就能轻易知晓的信息。他们还应该花时间准备针对每位顾客的不同需求而专门定制的解决方案，避免出现那些和满足顾客目标的确切解决办法无关的多余信息。

尊重顾客的时间、提出敏锐的见解、提供有益的建议、明白顾客可能已经做了大量的工作——与当今顾客打交道时，运用以顾客为中心的销售方法，所有上述这些行为都将发挥重要作用。它还有助于顾客把你看成可以依赖、可以信任的人。在如今这个年代，顾客可能不再像从前那样需要你，因此顾客对你的看法极为重要。

了解顾客对你的看法

顾客对你的看法以及和你的关系对你是否能赢得交易并预订销售有重要的影响。很少有顾客愿意和只知道填写采购订单、完成发货清单、安排发货的机器人似的销售人员打交道。当今的顾客寻求那些能为他们提供关键的信息、敏锐的见解以及专业的建议，从而帮助他们做出重要的购买决定的销售人员。

我们中大多数人会认为，我们为顾客提供的是优质服务。但真正重要的是顾客对我们的看法，以及他们如何看待和我们的关系。通过研究发现，销售人员和顾客之间的关系可以达到四个不同的层次。在每一个层次，销售人员的行为、举止和价值观都不相同——同样，在每一个层次，顾客看待销售人员的方式、对销售人员的重视程度以及对销售人员的信任度也不相同。如图 1.1 所示，“关系连续体”将这些层次依次表示为拿订单者、友好的销售人员、有效率的销售人员和受信赖的顾问。

销售人员应该理解这四个层次，这一点极为重要。我们将在这里对这四个层次做详细的解释。

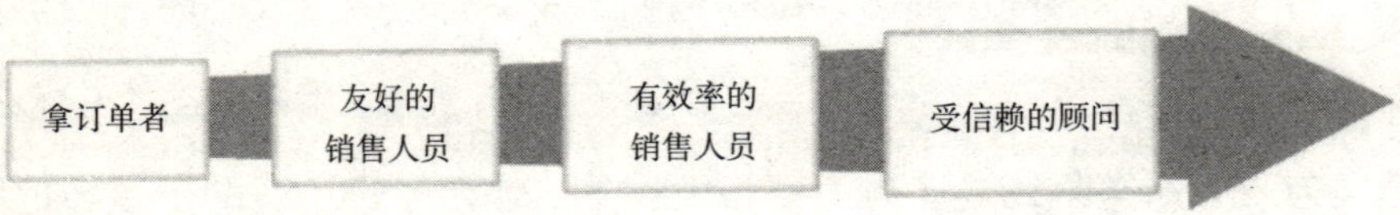

图 1.1　关系连续体

拿订单者

- 对顾客的需求一无所知。
- 不重视与顾客建立良好关系或改善与顾客的关系。
- 不考虑顾客的需求，只专注于达成交易。
- 不激励顾客进行思考，也不提供其他选择。
- 对于产品或服务的运用不提供任何见解或意见。

友好的销售人员

- 对顾客需求的了解有限。
- 有点重视与顾客建立良好关系或改善与顾客的关系。
- 对顾客需求的考虑有限，专注于达成销售交易。
- 有些许意愿激励顾客进行思考，很少为顾客提供其他选择。
- 对产品或服务的运用提供极少的见解或意见。

有效率的销售人员

- 对顾客的已知需求（顾客自己意识到的需求）有很深的了解。

- 重视与顾客建立良好关系并加以改善。
- 在销售进程中提出建议时会认真考虑顾客的需求。
- 当顾客愿意接受其他意见时，愿意激励顾客进行思考，并为顾客提供其他选择。
- 对产品或服务的运用提供见解或意见。

受信赖的顾问

- 完全了解顾客的需求（顾客的已知需求和未知需求）。
- 认为最重要的事就是与顾客建立良好关系并加以改善。
- 在销售进程中把顾客的需求看作头等大事（心甘情愿接受买卖泡汤）。
- 无论顾客多么坚持自己的意见，总是愿意激励顾客进行思考，并为顾客提供其他选择。
- 对产品或服务的运用总是尽力提供见解或意见。

销售人员要想成功向当今忙碌、苛刻的顾客销售产品或服务，必须努力成为受顾客信赖的销售顾问。事实上，要想成为一流销售人员，必须努力提升成为受信赖顾问所需的技能和最佳做法。如果你不能成为受信赖的顾问，那么你也成不了一流销售人员：一流销售人员就是受顾客信赖的顾问；受顾客信赖的顾问就是一流销售人员。获取顾客最高等级的信任和信赖至关重要，这样你就能加快销售进程，达成更多交易，并成为一流销售人员。

关键时刻　把顾客放在首位

面对当今的顾客，想要获得成功的销售人员明白，他们必须重视顾客的需求，把顾客放在首位。以顾客为中心的销售方法清楚表明，在每一次销售过程中，顾客都处于核心位置。把重心放在顾客及如何满足顾客的需求上（而不是仅仅达成交易）能帮你赢取顾客的信任，加快销售进程，达成更多交易。

以顾客为中心的销售方法是一种有意而为之的方法，是“关键销售框架”的关键组成部分。我们已经确定了一些策略，这些策略能帮助你把顾客及顾客的需求放在首位。

- 处理顾客的当务之急。请记住，销售过程的重心不是你或你的目标、你的定额或你的时间安排，而是顾客、顾客的当务之急、顾客的目标、顾客的价值观以及顾客的时间安排。不要认为你知道顾客的需求以及顾客何时需要满足其需求。你应该和顾客讨论他的当务之急。发现顾客需求的唯一方法是向顾客提问，并听取顾客的回答。
- 确保你明白顾客所讲述的信息。以顾客为中心的销售方法要求销售人员不断和顾客确认能相互理解对方。在后面的章节里，我们会谈论确认的重要性。目前，我们得指出，就满足顾客的需求而言，只有当双方就顾客的需求达成共识时，你才能满足顾客的需求。
- 和顾客分享你的专业知识和见解。如果顾客所想要的只是下订单，那么他可以在网上订购他想要的一货车小器具，这样为你和他自己都节省了大量时间和精力。请记住，顾客指望你为销售进程增添价值。这意味着，你必须深入挖掘，认真倾听顾客告诉你的所有信息，这样你就能够分析顾客所处的情形，评价其需求，提供有价值的见解和有用的建议。实施上述行为不仅仅包括向顾客讲述他们所不了解的产品特点和优势，还包括向顾客提供只有你才能提供的专门知识和观点。

- 明智地运用顾客的时间。就赢得顾客的信任、建立诚信而言，最具有破坏性的行为是浪费顾客的时间。不要把时间浪费在讲述顾客很可能已经知晓的信息上。请记住，他可能已经对你、你所在的机构、你的产品和服务做了一定的研究。不要再重述他已了解的产品特征和优势，而应该重点讨论他不知道的信息，这很可能包括连他自己都不知道、自己并不了解的事物（那些尚未了解的未知信息）。在每一次和顾客的销售对话中，向顾客提出的问题必须是经过深思熟虑的，必须专心致志听取顾客的回答，并和顾客确认谈论的细节信息。

销售人员只有把顾客放在首位，才能赢得顾客的信赖，建立信任度。销售人员如果不把顾客放在首位，就无法做到这一点。如果你想成为受顾客信赖的一流顾问，那么你就得满足顾客的需求，并确保你理解那些需求，自始至终都尊重顾客的时间，这一点至关重要。你实施上述行为，就会逐渐建立必要的信任感，这种信任感会使你朝着正确的方向沿着“关系连续体”向前迈进。

成为受信赖的顾问

受顾客信赖的顾问绝不仅仅是为顾客提供产品的规格和数据，更要为顾客提供有价值的信息。受信赖的顾问能确定顾客的需求，设法根据顾客需求制定解决方案，从而满足顾客的需求——已知和未知的需求（顾客需要借助他人帮助才能确定并表达出来的需求）。受信赖的顾问不仅仅是销售人员，与普通的销售人员的区别是，他们是受顾客信赖的销售人员。顾客信赖他们，从他们那里获取观点、见解、看法和建议。他们教导顾客了解相关信息，以便顾客做出最佳购买选择。

所有这一切都对顾客大有裨益，你也将获益匪浅。作为受信赖的顾问，你获得的好处颇多。当顾客把你看成受信赖的顾问时，你：

- 可以获取更多有关顾客的重要信息，这些信息有助于你为顾客定制独特的解决方案，从而满足其需求。
- 获取更多和顾客相处的时间，顾客重视你的见解和建议，愿意花时间和你一起探讨你的看法。
- 接触到更多参与购买决策过程的人。
- 当顾客再次考虑购买时，会第一个给你打电话，这有助于加快销售进程，达成更多交易。

当然，我们明白，我们并不是在创造一个新词。“受信赖的顾问”这个概念已经存在一段时间。例如，在2000年出版的《受信赖的顾问》一书中，作者大卫·迈斯特尔和查尔斯·格林解释说，如果没有了信任，任何一名销售人员都不可能实现他的目标——而一旦顾客和销售人员之间建立了信任，那么几乎一切皆有可能。

我们完全同意他们的观点。我们的研究表明，在销售进程中，信任是最重要的因素。如今的顾客比以往更聪明、更精明、更忙碌。在这样的年代里，受信赖的顾问变得比以往更为重要。尽管销售行业有这样那样的变化，成为受信赖顾问的重要性依然没有发生改变。改变了的是如何成为受信赖顾问的方式。

遵照本书中所探讨的“关键销售框架”可以帮助你成为受信赖的顾问。运用书中所谈论的技巧可以帮助你创造有效的有利于顾客和你所在机构的销售关系。另外，当今的顾客已经发生改变，接受这个事实会使得销售进程变得更为容易。

当然，这不是一晚上的功夫就能解决的事情。但如果你全心全意投入销售进程中，遵循“关键销售框架”，并以顾客为中心，那么你会发现，慢慢地，你很可能逐渐具备受信赖顾问的特质。一旦你具备了受信赖顾问的特质，那么你的业绩层次也将变得更高。你将达成更多的交易，达成交易的速度更快，遇到的异议也愈少。

一流销售人员明白，上述这些结果并不会仅仅因为他们的意愿而发生，这需要销售人员具有开放的心态，需要采取“永远在进步”的态度。我们下一步将在第 2 章讨论具有开放心态和“永远在进步”的态度的重要性。

关键销售：所获经验

- 在这个日益变化的时代里，顾客的行为已经发生改变。这意味着，如果销售人员希望赶上顾客及竞争对手的步伐，那么他们也需要做出改变。
- 一流销售人员明白，正确的销售方法依然是以顾客为中心的。顾客依然是每笔销售业务的核心。

- 一流销售人员明白，各家公司的产品及服务的区别并不大。正因为如此，他们为了给顾客精心定制满足其需求的解决方案，努力让自己成为分化点，和顾客分享他们独特的专业知识、见解和建议。
- 顾客对销售人员的看法能够促成交易，也能破坏交易。能赢得受信赖顾问称号的销售人员最有能力满足顾客的需求，同时能加快销售进程，达成更多交易。

Critical Selling

第2章

第一步是相信：改变心态

我们都知道，销售在不断发展变化，顾客也在日益变化。实际上，销售一直都在发展演变。新产品和新服务不断进入市场。无论是借助于产品和服务，还是通过新的销售和营销手段，抑或是以顾客为中心的新举措，每家公司都在努力超越竞争对手。同样，顾客自身也在不断发生变化——变化的速度超过了以往任何时候。顾客的购买方式、购买地点、购买所借助的手段随着技术的进步而发生改变。顾客的购买原因、如何做出购买决定以及购买期望（对产品和服务的期望）也都在不断发生变化。

赶上顾客和竞争对手的步伐已经很有挑战性——更不用说要比他们抢先一步。但现如今，每个销售人员都面对着各种变化，如果希望跟上这些变化的节奏，成为一流销售人员，那么就得思想开明，欣然接受不断的进步，并且愿意调整销售方法以满足市场和顾客的需求。

多年来，我们和无数来自多个不同行业和销售环境的销售人员进行了商谈。就提高销售业绩和改进销售效果而言，我们看到了许多奏效和不奏效的因素。我们不断地进行研究，已经确定很多最佳销售手段。我们的研究表明，就加快销售进程而言，持续不断的进步至关重要。开放的心态同样极为重要。开放的心态乐于接受进步的机会。如果没有采取这样的开放心态，那么就不可能取得不断的进步。

提高销售业绩绝非旦夕之间的事。仅仅遵照千篇一律、按部就班的改变诀窍也是行不通的。当然，销售进程很重要。我们将介绍“关键销售框架”。如果能以正确的方式来遵循它，那么它将帮你加快销售进程，完成更多交易。但你必须欣然接受改变，否则你将一事无成。

做出改变并且获得更好的结果的关键，是实现行为的积极转变。这并不需要立刻全部做到。每次做出一点改变会产生非凡的效果。实际上，就完成目标而言，每次改变一点，这不仅更容易做到，而且更能激励人。例如，我们来看看下面两种情形的区别，一种情形是告诉自己需要减掉 50 斤的体重（对于任何人来说，这都是一个艰巨的任务）；另一种情形是争取在一年之内每周减掉 1 斤——后者更可行。

成功的节食者们都相信，在他们的健康养生之路上，众多小改变都可以带来持久积极的大变化。我们看到，一流销售人员愿意为他们的职业发展做出改变。他们一贯乐于学习新事物，实践新方法，寻求能带来职业进步的新方法。一流销售人员明白，在不断变化的世界里，他们也需要做出改变，需要适应新的购买行为，需要接受来自世界各地的竞争。

一流销售人员还明白，满足于既得荣誉绝不是明智之举。没有人能停止不前。如果不求进取，那么你就会落伍。一流销售人员懂得这个道理，他们明白，无论他们的任期有多长，无论他们在过去取得了多少成功，他们都需要继续接受培训。一流销售人员愿意努力进步、提升自己。他们采取积极的心态，能够在困境中看到希望。如果想成为一流销售人员，那么你就得相信你能变得更好，这是至关重要的第一步。

■ 注意心态

持有正确的心态不仅仅意味着要持有乐观积极的态度（尽管这一点也很重要），还要乐于持续不断地学习，欣然适应不断变化的销售环境。一流销售人员希望不断取得进步，笃信不断提升销售技能，愿意接受新思想。他们在努力提升业绩的过程中，对不断地学习和实施新方法持乐观态度。他们积极寻求新方法，以求更出色地完成各项任务。

我们对来自几百家机构的几千名销售人员进行了观察，已经确认他们身上一致具备的多种特质。例如，一流销售人员不断寻求方法来提升自己，使自己表现得更为出色。当回首自己的职业之初时，他们认识到，多年以来，他们一直请求建议，广泛阅读，紧跟行业趋势，寻求培训。通过如此这般的努力，他们已经在职业上取得了进步。当今的一流销售人员，无论其任职时间长短，总是在寻求进步。这是为什么？因为他们知道，过去的成就并不能保证未来的成功。他们还意识到，人很容易就会松懈下来，习惯于舒适的生活，或者在销售方法上变得刻板。一旦出现这些情形，就容易排斥新思想，容易停止学习新事物，不再努力提高自身的技能，不再进行训练。

在那些业绩欠佳的销售人员身上，我们常常会看到抵制和自满情绪。我们的研究表明，业绩不佳的销售人员——这些销售人员通常在同事中成交量最少、销售额最小、销售次数少——根本不想做出改变。他们认为改变需要花费很多精力，这些付出很可能回报甚少。无论是出于害怕，还是出于懒惰或自负，他们都抵制改变。他们的这种行为表露在他们的态度上。他们的态度向众人表明，他们并不愿意做出改变。

一流销售人员乐于做出改变，愿意运用新方法来加快销售进程并达成更多交易。而业绩不佳的销售人员则总是想方设法阻挠改变。一流销售人员尽力利用变化为他们和顾客服务，而业绩不佳的销售人员则总是花费很多时间为不应该改变找理由。我们也已经看到，业绩不佳的销售人员在尚未做出改变之前，就已经对改变不抱任何希望。

此时你可以看到，心态有多重要。一流销售人员愿意接受改变，通常对改变持积极乐观的态度。他们对改变持乐观态度，认为改变可能带来更好的结果。另外，业绩不佳的销售人员不愿意做出改变。他们更满足于现状，难以适应变化，总是认为没有必要进行改变。业绩不佳的销售人员觉得，即便有可能，也很难看到改变将如何使他们受益。

我们明白，做出改变不容易。但我们也知道，如果想成为一流销售人员，那么就必须乐于接受改变。做出改变并非令人生畏的事。麦肯锡公司是一家全球管理咨询公司。该公司指出，要接受改变，并满腔热忱地运用能提升业绩的新方法，那么就必须做到以下两点：你必须明白自己的行为会对结果造成何种影响；你必须相信所有这些改变都是值得的。一流销售人员完全明白上述道理，更重要的是，他们能接受改变，因为他们能充分认识到做出改变能带来的益处。他们乐观地对待改变，相信改变会给自己、顾客，以及自己的机构带来益处。

一流销售人员也明白，仅仅为了改变而改变很少会有收效。要想长期提升业绩，就必须相信改变的作用。他们确信，为改变而做出相应调整是值得的。总之，他们认为需要做出改变，也具有做出改变的动力。

乐于接受改变需要动力，这种动力通常源于对改变的益处的了解。“关键销售框架”旨在加快销售进程，达成更多交易，是经过验证了的销售进程。对于那些期盼成为一流销售人员的人而言，遵循该销售进程益处颇多。我们来看看其中的几点益处：

- 和新顾客及现有顾客建立了更牢固、更持久的关系。
- 销售周期加快了，赢得交易的概率更高了。
- 和顾客打交道时信心增加了。

- 和顾客建立了更高的信任度和可信度。
- 来自顾客的异议和负面阻力减少了。

与我们合作过的机构（如阿连信用社和美国教师退休基金会）里的一流销售人员受到了此类益处的激励，因为他们能够明白，欣然接受能带来此类益处的改变是值得的。

问题的关键是，你之前所取得的成就并不能永远保证将来的成功。你必须继续磨砺技艺，学习新技能，关注营销对象所处的行业以及销售行业本身是如何发展演变的。因为事情的真相是，事物总在不断变化：顾客在不断发生变化，产品在不断变化，销售行业在不断变化，你需要适应这些变化并适应所有将发生的变化。在销售中取得好业绩的往往是那些想要取得进步、乐于做出改变、积极提升技能、总是在不断练习的销售人员。

一直在进步

一流销售人员知道，获得更多更好交易的关键不在于“总是在商定成交”，而在于“一直在进步”。例如，一流企业重视练习核心技能，因为他们想培养所有员工的旨在提高企业产品信誉的能力。为什么？因为一流企业知道，练习是成功的关键组成部分。对于一流销售人员而言，情况也是如此。

一流销售人员总是在寻求提升业绩的方法。他们明白，一直取得进步的诀窍是探究新思想，评估新方法，做出最合适的改变，努力将改变进行到底。当然，这并不意味着他们对每一个突然出现的新销售方法都趋之若鹜。但这确实意味着，他们要不断练习磨砺并提升自身技能。他们思想开明，不但能接受要做出改变的观念，而且能接受改变是需要花费时间、精力和进行练习这一事实。

奇怪的是，尽管一直以来都听到人们说“熟能生巧”，但社会却往往看重人们所认为的不需要努力的成功。就重视这种观念而言，销售也不例外。有时我们把这称为“才能”或“幸运”。我们欣赏那些口才好、善交际、正如俗话所说的能把雪卖给爱斯基摩人的销售人员。但销售却并不仅仅在于才能。一流销售人员并不会只依赖才能，他们认为，没有努力，就不会获取成功。

事实上，轻而易举获取成功的观念带来的负面影响大于正面影响。例如，杜克大学的研究人员发现，不需要努力的成功的思想令人感到窒息，会阻碍人的进步。这种看法使人难以接受“一直在进步”的观念，即便就销售业绩而言，练习也是至关重要的。

练习是不断进步的基础，尽管对某些人而言，这说起来容易做起来难。练习需要时间——许多忙碌的销售人员可能认为自己没有时间，或者认为自己不需要投资这些时间。但事实上，如果想成为自己所在机构的一流销售人员，那么他们必须抽出这些时间。你可以和同伴、经理一起在培训中练习，甚至自己进行练习。你也可以拿顾客来练习，当然那样的风险很大。到底该怎么做，选择权在你自己。

我们暂且看一看体育界。体育界和商界在很多方面比较相似，其中较为重要的一点和练习的重要性有关。最伟大的运动员并不一定具有天赋。这并不是说天赋不重要，而是说已经有证据表明，最伟大的运动员是那些想要提升比赛技巧而致力于不断练习的人。韦恩·格雷茨基、泰德·威廉姆斯、维纳斯·威廉姆斯、塞雷娜·威廉姆斯、科比·布莱恩特，莫不如此。此类伟大的运动员不胜枚举。但历史上最伟大的运动员是迈克尔·乔丹。这位芝加哥公牛队的前控球后卫在其职业生涯之初并不是顶级篮球运动员。他在高中时曾经被校篮球队淘汰。那么，他那时候是怎么做的呢？答案是，他不断地刻苦练习。人们都知道，他每次输掉比赛后，会立刻回到篮球训练场，连续几小时练习投篮。

但是，练习并不只意味着投入时间。乔丹明白，如果他没有进步，只是为了训练而训练并没有什么用。他的目标并不是花费时间在训练场上练习罚球，而是要在训练场上投进每一个球，这样他就能在比赛场上成功运用这个技能。他明白，不断进步的关键是以正确的方式去练习正确的技术。正如同乔丹所说：“你可以在一天之内练习投球 8 小时，但如果你的技术是错误的，那么你所得到的只是很善于以错误的方式投球。”

你并不希望自己和顾客打交道的方式总是有误。就获取成功而言，无论是打篮球、踢足球，还是制造产品或进行销售，抑或是其他，以正确的方式练习正确的事物都至关重要。一流运动员并非只是因为有天赋，一上场就能赢得比赛——一流销售人员也不是因为有天分，总是能达成交易。练习是关键。

就销售而言，练习意味着什么？这并不意味着，你可以来到销售练习场上，和一个竞争对手把销售单当球一样来回投掷。事实上，对销售人员而言，练习意味着要从事行业研究，研究竞争对手，增进对产品的了解，利用销售手段，提升表达能力，学习如何成为更好的聆听者，等等。事情的真相是，并不缺少需要你磨砺技能以求进步的地方——因为你应该一直争取进步。关于销售，有这样一个错误观念，即一旦已经取得成功，那么就说明你已经足够优秀，于是就可以继续使用一直以来的做法。但事实是，最佳销售人员一直不断地努力提升销售技能，他们致力于练习，因为产品销路好与持续努力有关。你不应该在学会如何进行销售之后，就不再继续学习，或不再提升技能。

关键时刻　避开任期陷阱

有人认为任期等同于经验，经验等同于业绩，这是常见的误解。许多人都认为，如果某个人很有经验，那么，他肯定是一位一流销售人员。

但事实上，这种看法根本不对。

例如，简在过去已经取得了很好的业绩，但这并不一定能保证她在未来会继续取得好业绩。

我们很容易对享有终身任期的专业人士（那些拥有十年销售佳绩经验的人）的技能、能力和天赋形成先入为主的观念。许多人——包括享有终身任期的专业人士本身——认为这些专业人士富有才华，擅长销售工作，天生具备销售能力。

这种观念使销售人员难以拥有正确的心态，去接纳改变，从而提升销售业绩。

这实际上是一种抵制形式。我们在许多销售人员身上看到了对于变化的抵制，尤其是那些有经验的人士。但是认为享有终身任期的专业人士不能继续学习新技能、接受新方法，不能继续取得进步，则是完全错误的。这种错误观点是一种封闭的心态。这种封闭的心态往往会导致业绩变差。要想避免陷入任期陷阱，就必须避开一些易犯的常见错误。

- 不要认为终身任期等同于接受过充分的（永久性的）培训。即便最有经验的销售人员也需要接受不间断的培训和辅导。无论一名享有终身任期的销售人员的业绩有多好，他都会有提升的空间。具有开放心态的销售人员乐于接受能提升业绩的变化，将从中受益。请记住，不间断的培训和终生学习的重要性——效用，这样你就能一直进步。
- 不要被自满击倒。拥有积极的心态，乐于接受不断进步的思想，这一点至关重要，对于享有终身任期的销售人员而言，更是如此。我们看到许多刚开始从事销售工作的新手在职业的初期，不断寻求提升业绩的方法。他们尝试新方法，不断接受培训，研究行业趋势和潮流。他们明白，事物是不断变化的——产品、方法、购买行为等，他们想方设法紧跟形势不落伍。然而，享有终身任期的销售人员则时常疏于跟进形势。他们开始走捷径，认为自己了解一切。他们陷入了现状陷阱，当周围所有事物都在发生变化时，他们却停滞不前。一旦出现这种情况，他们的业绩便开始走下坡路。不要变成那样的人，要想尽办法寻求进步的机会，杜绝懒惰或自满情绪。
- 别毁了自己。抵制改变很自然。做出改变不容易，这需要时间。改变可能会让人感觉可怕。改变充满了不确定性。一流销售人员明白这个道理。他们努力克服不良感觉，不被恐惧、自负或懒惰情绪击倒，这些负面情绪可能会使你回避改变或完全避免做出改变。抵制改变的销售人员很快就会落后，他们有意避开那些原本能帮助他们提升业绩的机会，最终毁掉自己的职业生涯。

- 不要认为你已经完成了学习。有没有哪位优秀销售人员曾经说过“太棒了！我已经成功了，我已经足够棒，我现在可以停止学习了”，然后就停止学习了呢？答案是，没有一个人这样说过。一流销售人员明白，终生学习和不断进步是积极心态的关键成分，这样的心态能让他们在行业中名列前茅。

在改变中保持耐心

改变是困难的。当你学习新的销售进程，在新的进程中做出改变时，你曾经熟悉的事物可能会突然变得陌生起来。例如，假设你想好好练习高尔夫挥杆动作——你已经练够了曲线球和削球。你意识到，这时候得重新从基础训练开始，提升球技。很快你就开始感到肌肉疼痛，这种感受从未有过。但你击球的落点依然不集中。有时候，球击得甚至比以前更差。你的朋友们开始称你为“双柏忌”。

此时你有两个选择：一是你可以停止练习，重新使用原来的挥杆动作，并接受原有的击球水平；二是你可以坚持练习新的挥杆动作，相信自己很快就会适应改变，相信改变能让你达到所希望的水平。

任何类型的改变都是如此。有些人可能开始使用"关键销售框架"所提倡的新方法，后来结果却发现，初次尝试新方法可能不会有理想的效果，然后他们就放弃了。我们大多数人都抵制改变，至少在初始阶段或短期之内，很容易为自己找到借口，允许自己重新使用旧方法。当所期望的结果没有即刻实现时，你很容易再次回归到舒适的（坏的）习惯上。我们所有人都会这样。这种现象出现在体育运动上（我原来的挥杆动作也还行）、在节食上（我可以继续吃下那个双层培根芝士汉堡）、在生意上（我们目前的程序很合适，非常谢谢您）。研究人员艾米丽·劳森和柯林·普莱斯指出："只有当雇员们看到改变的意义，并且认同改变时——至少认为改变是值得尝试时，他们才会改变自己的心态。"你必须不断地进行尝试。

一流销售人员明白，如果他们想提升业绩，就必须做出改变。他们拥有正确的心态，认同改变是需要时间的。他们认识到，改变需要付出一定的努力，不可能一蹴而就。一流销售人员还明白，做出改变会有点难受，但他们能够接受，因为他们知道改变最终将为他们带来更好的结果。正因为如此，一流销售人员既耐心，又坚持不懈。他们克服改变所带来的不适。他们知道，如果想做出改变，提升自己，那么就必须不断地练习。

不断的进步需要不断的练习和拥有开放的心态。开放的心态意味着，你愿意做出改变。一流销售人员明白，如果他们确实想加快销售进程，达成更多交易，那么他们就必须致力于练习"关键销售框架"中的所有技能——和每个顾客进行的每次销售交易中运用的所有技能。

在这里心态很重要。因为就理解并运用"关键销售框架"而言，你必须把所有技能看成一个整体。你不能从各种技能、策略和最佳做法中随意进行挑选。所有这些技能、策略和做法都是相互依赖的。你不能从良好的开场阶段直接跳到解决方案展示阶段。如果你没有先找出关于顾客的主要信息，那么你不可能展示出好的解决方案。事实上，你必须从头到尾，欣然接纳整个“关键销售框架”。

我们继续和几千名一流销售人员合作，也为此感到自豪。这些一流销售人员来自美国运通公司、卡特伦公司、美高梅国际酒店集团、到到网等公司。我们收集了有关销售技能、策略和最佳做法的数据和见解。我们已经观察到，就加快销售进程和达成更多交易——从策划到和顾客建立良好关系再到成为受信赖的顾问等所有阶段——而言，哪些技能、策略和最佳做法是有效的，哪些是无效的。我们的研究表明，就正确成功完成销售而言，遵循该进程至关重要。这并不意味着只有在和某个顾客打交道时要遵循该进程，而是和每个顾客打交道时都要遵循该进程。

一流销售人员明白，要和顾客建立良好关系并提高销售额，就要完全遵循该进程。如果你想成为一流销售人员，想加快销售进程，达成更多交易，那么你必须对该进程充满信心，并承诺愿意做出改变，改进自身行为，最终提升销售记录。这也意味着你必须改变心态。

开放积极的心态至关重要。如果你不首先致力于改变自己，那么其他事情就无从谈起。这意味着，你必须乐于学习新事物和新方法。新事物和新方法会使你达到更高目标。麦肯锡公司的研究人员在一份报告里指出：“雇员们要想达到一个新的基本目标，可能需要调整他们的做法，或者采纳与目前心态一致的做法。”这份报告讲述的是改变心态和行为对于提升业绩的重要性。我们非常同意上述观点。

乐于接受改变，调整现行做法，采用新方法，所有这一切都意味着，你必须全心全意进行培训和练习。你必须接受，你应对顾客的销售方法需要改善。这并不是说，你在职业生涯中所获得的经验、领悟力和智慧没有价值。实际上，它意味着，在当今竞争高度激烈的市场中，必须认识到顾客正在发生改变，因此，销售也必须发生改变。你必须跟上顾客的变化步伐。要做到这一点，你就得相信，乐于接受改变首先就要拥有新心态。

如果你想成为一流销售人员，不仅能赶上竞争对手，而且能赶上当今高要求的顾客，那么你必须做出改变，提升自己。“关键销售框架”——它专注于在策划、开场、发现、方案陈述和最后商定的各个阶段所需要的技能——能确保你练习正确的技能，从而加快销售进程，减少顾客的异议，最终达成更多交易。但是让每个阶段都进展顺利需要全身心的投入。这需要练习，可能需要反复尝试，从而弄清哪些技能对你和特定情形下的顾客有效。或许最为重要的是，这需要销售人员拥有开放的心态，接受要做出改变、要不断进取的必要性，并且明白在改变中始终需要保持耐心。如果你遵循该进程并且拥有开放的心态，那么你很有可能成为一流销售人员。

就努力成为受信赖的顾问，成为一流销售人员而言，接受改变、拥有正确的心态、练习自身技能极为重要。这也需要策划，策划是销售进程中的关键步骤，我们将在第 3 章对此进行探讨。

关键时刻 明白抵制改变是徒劳的（并且代价大）

“如果你一直重复过去已经做过的事情，那么你只会得到已经拥有的东西。”

多年以来，关于这句话的出处众说纷纭。有些人认为是亨利·福特说的，有些人认为是艾德·佛曼说的，有些人认为是托尼·罗宾斯说的，还有些人认为是马克·吐温说的，如此等等，不一而足。虽然不清楚它的出处，但它所讲述的道理很清楚：当你继续重复之前一直在做的事情时，就不要期望得到更好的结果。

我们周围一直在发生变化，即便如此，人们依然常常抵制改变。你可以设法用尽全力去抵制改变，但无论你是否有所准备，改变依然不断发生。另外，不做出改变的代价以及改变不够快的代价，可能令人难以置信。例如，有研究表明，“变化的速度如此之快，以至于相关的技术和技能在五到十年之内就过时了”。

销售人员很难因为自己或自己所在的机构处于困境之中，就认识到现在是该做出改变的时候了。事实上，已经有研究表明，“尽管雇主和员工都认识到，他们必须学习新事物，但他们经常认为自己没有时间”。显然，销售人员要学习新事物所面临的困难之一就是抽出时间。要解决这些困难，就需要承认，改变是必要的。

仅凭希望改变是不会出现的，你必须致力于做出改变。如果希望达成更大的交易，那么你必须拿出时间来培养自己，采取新心态。和我们有过合作的公司，如卡地亚公司、诺斯洛普·格鲁门公司、维萨公司的一流销售人员都明白，接受改变、采用“关键销售框架”

会带来很多收益，非常值得这么做。

我们明白，人们出于各种原因，通常都抵制改变。改变需要时间，具有破坏性，会用光资源，消耗金钱。但是，如果不做出改变，那么代价会是什么呢？如果你一直都在重复已经做过的事情，那么代价又会是什么呢？

如果想成为一流销售人员，那么你必须对自己进行投资。这意味着，你不仅要考虑自付费用（以美元或时间来计算）在你接受教育和培训的过程中会逐渐增加，还要考虑如果你在下一次销售交流之前不提前完善技能，那么你可能会因为错失机会而付出代价。如果你坚持使用老方法，没有认识到顾客已经发生了改变，总是喜欢强行推销，过早商定成交或频率过快，那么你会失去什么呢？

另外，如果你投入精力和金钱接受培训和教育，如果你致力于提升自己，如果你遵循整个“关键销售框架”，那么你能提升多少呢？你能将销售周期缩短多少呢？你达成的交易能大多少呢？例如，如果你原本应该达成50%的交易，但你只成交了40%，那么丢掉的10%的交易的代价又是什么呢？

谈到改变，就延长了的销售周期、丢掉的销售额以及失去的机会而言，抵制不仅无用，而且代价高昂。

关键销售：所获经验

- 研究表明，一流销售人员愿意采用积极的心态，积极的心态使他们欣然接受改变，从而获得进步。他们明白，如果没有行为的变化，那么改变就不会起作用。接受改变的第一步是欣然采用积极、开明的心态。
- 一流销售人员乐于接受改变。但这并不意味着，他们会最先踊跃尝试销售界出现的每一个销售技巧。实际上，他们保持开放的心态，研究自己的各种选择，评估有最佳潜力的选择，在做出改变的过程中保持耐心。
- 一流销售人员能避开表现欠佳的销售人员经常落入的常见陷阱。他们明白，拥有终身任期并不能成为不寻求新的培训机会的理由，他们不会变得顺从或懒惰，他们不断努力获取进步。
- 一流销售人员接受改变是正常的这个事实——如果他们想保持领先地位，那么他们就必须做出改变。他们没有避开改变，而是积极寻求新方法来练习自身的技能，从而保持在行业中名列前茅的地位。

Critical Selling

第 3 章

为什么策划很重要：能决定你的方法

一流销售人员对策划有所了解。最为重要的是，他们知道，必须经常进行策划实践，以提高销售拜访的有效性。但一般销售人员总是忽略并低估这项关键技能的价值，导致他们在销售拜访的过程中只能临场发挥，无法充分利用每一次和顾客的交流。

销售人员经常忽略策划，很容易忽视策划为销售交流带来的价值。我们的研究证实了这一点：策划的重要性——以及策划的有利影响——经常被忽视，我们一再看到这种情况。事实上，因为当今顾客所发生的变化，我们把策划视为一项比以往更为重要的活动。你的顾客比过去更有见识。为了采用合适的方式和顾客打交道，为销售交流增添价值，你必须制订一个计划。

有研究表明，在策划和销售工作之间经常会出现脱节的情况：销售人员事先不进行策划，是因为他们没有正确认识到策划的重要性。哈佛商学院的弗兰克·塞珀迪斯教授认为，约有三分之二的公司把策划当作周期性事件，而不是贯穿整个销售进程的一项内容。而实际上，策划并不是一个时而出现的事项，它应该被视为销售进程的重要组成部分。

明白策划的重要性

"没有策划的目标不过是一个愿望。"

——安东尼·德·圣-埃克苏佩里

正如他们所说的，希望不是策略，没有哪位销售人员可以只通过希望就能达成更多交易。事实上，策划很重要，是整个"关键销售框架"

的基础，如图 3.1 所示。

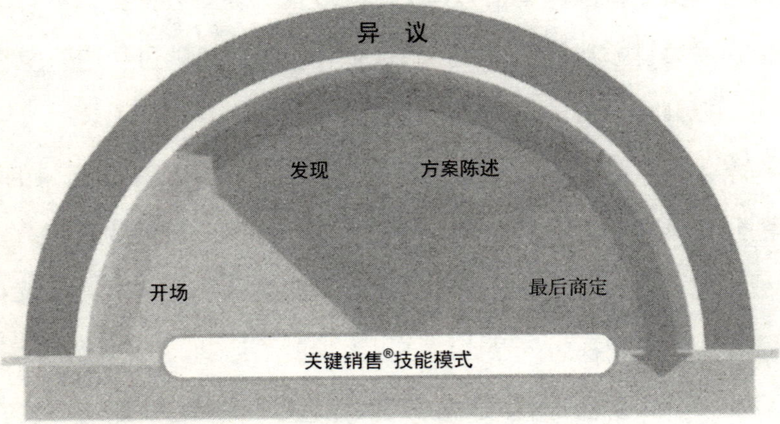

图 3.1　策划至关重要

从该图可以看到，策划贯穿了整个销售进程。策划是“关键销售”的基础，策划比以往更为重要。在销售进程的每个阶段，无论是在初次拜访潜在客户之前、在开始某次特定的销售交流之前、在为陈述方案做准备时，还是在进行洽谈的最后阶段，策划都很重要。策划始终都是至关重要的活动。在销售进程的任何阶段，任何销售人员都不能省掉这项内容。

销售人员在每次销售拜访之前必须进行策划，这一点极为重要，因为当今的顾客比以往更有见识——他们期望你也同样有见识。顾客希望你不仅了解自己的产品或服务，而且了解他们所在的机构，以及可供他们选择的产品和服务。

我们对此的探讨稍微详细一点。我们知道，当今的顾客比以往更有见识。顾客在联系你们之前，可能已经做了大量的准备工作。他们已经对你、你的公司、你的产品和服务进行了研究，对你的竞争对手和能够获得的其他选择也进行了调查。顾客对销售拜访也进行了策划。他们事先已经做了充分调查。事实上，正如我们在第 1 章所讨论的，有些研究表明，顾客在联系销售人员时，已经做了多达 60%的准备工作。即使有些顾客做的准备工作并没有这么多，但事实依然是，他们做了很多准备工作，他们也期望你也做了同样多的准备工作。他们期望你能策划好与顾客的交流，这样无论他们处于销售进程的哪个阶段，你们都能够进行有成效的、高效率的、有意义的交流。

需要为销售交流做多少策划和调查研究呢？这根据销售的复杂性以及你和顾客在销售进程中所处阶段的不同而不同。销售工作越复杂，你需要做的调查研究和策划就越多。与销售周期短的简单销售工作相比，更具战略性的销售工作则需要做更多的调查研究。一项复杂的销售工作必须保证半小时的调查研究和策划。但如果你所销售的产品或服务交易性更强，面对的顾客更加广泛，那么你可能只需花几分钟的时间进行策划。另一种情况是，最后阶段的方案陈述可能需要几小时的策划，并且其前提是，你已经做了一些相应的调查研究。在销售进程的任何阶段，你所做的研究工作必须足以支撑你达到目标。

在这里请注意，我们的意思并不是，如果你正在和一位现有顾客打交道，那么你就可以不必对一位潜在顾客做任何调查研究，抑或是你就可以忘记策划这件事。面对任何潜在顾客或现有顾客，策划都是整个销售进程不可分割的一部分。在每一次和每一位顾客进行交流之前，你都必须进行策划，即便你只花几分钟的时间进行全面思考。

■ 认真策划

我们和许多机构的一流销售人员有过合作，这些公司包括诺斯洛普·格鲁门公司、戴姆勒卡车北美公司。就进行策划而言，这些销售人员都严格要求自己。他们明白，高效的策划需要收集信息，确定如何充分利用信息。基于他们在销售进程中所处的位置，策划有助于帮助确认针对每个顾客要使用的最佳方法。因此，必须对这些事物进行全面思考。

从本质上来讲，策划是一个思考过程。我们鼓励销售人员抽出一些时间来认真思考每一位顾客，以及针对特定顾客的最佳销售方法。策划要求你认真考虑顾客本人、顾客的目标、需求和期望。无论销售交流的内容是简单还是复杂，一流销售人员都会花时间认真思考每一次销售拜访。

我们销售拜访前的策划手段（见图 3.2）有助于销售人员花时间进行策划和思考销售拜访最为重要的方面。这些方面包括：

- 人物和关系。
- 每次拜访的目标。
- 建立融洽关系的战略。
- 要进行分享并发现的关键信息。
- 拜访所需要的资源。
- 可能遇到的阻力和克服阻力的战略。
- 预想中的接下来的措施。

关键销售®技巧策划者　JANEK Performance Group

拜访前

销售人员姓名：　　拜访日期：

账户名：　　拜访时间：

#	顾客联系人 姓名和称谓	角色	销售团队联系人 姓名和称谓	角色
1.				
2.				
3.				
4.				
5.				

关键销售阶段：　寻找 □　发现 □　方案陈述 □　商定 □

本次拜访你想达到什么样的目标？

你将如何开始销售拜访？

你将如何与顾客建立和谐关系？

你了解顾客的哪些关键信息？

你想了解顾客的哪些关键信息？

你需要和顾客分享哪些关键信息？

你可能面对何种阻力？你将如何克服？

对于销售拜访，你需要哪些资源？

预料中的接下来的步骤是什么？

图 3.2　拜访前策划者表格

尽管并非每次销售拜访都需要书面策划，但策划总是必需的。把信息写下来有助于及时了解能表明每位顾客和每次销售交流的特征的关键问题。思考你将如何和顾客建立和谐的关系，你想要找到哪些关键信息，对于销售拜访，你需要哪些资源。这将有助于确保在你给顾客打电话或和顾客碰面之前，你已经准备得面面俱到了——这会使你和顾客都受益。

请注意，没有人愿意因为未能做好策划而使销售拜访进展不顺。那不仅浪费你的时间、你所在机构的时间，最为重要的是，还会浪费顾客的时间。策划确实能起作用。

你可能已经在对每一次拜访进行思考（至少我们希望如此），即便只是以抽象的方式。但是设想一下，如果你根本不知道想要说什么，具体该怎么说，在拜访过程中你想要达到什么目标，就给潜在客户打电话，那么将会出现什么样的糟糕局面。这种做法肯定会浪费宝贵的机会。

策划有助于你避免这种毫无目标、浪费时间甚至会疏远顾客的销售拜访。提前策划有助于你确定自己了解什么，不了解什么，需要找到哪些信息。它使你在销售交流的过程中满怀自信，知道自己已经考虑清楚，做了充分准备。策划确保你能以最佳的状态去实现自己的目标。

在这里必须注意，既然有了策划，那么也就会有巧妙的策划。销售人员一定要知道为了什么而策划，需要调查哪些具体领域，如何利用关键调查项目来充分利用每次销售拜访。我们已经确认策划和调查研究的关键领域，这些关键领域有助于你在每次销售交流的过程中产生最大影响。当然，其前提是你明白，在每次交流结束时，你应该达到什么目的。

设定明确、合适、可衡量的目标

拜访目标好比指南针，能够引领你朝着既定目标前进。将业绩和明确目标进行对比不仅能使你确定是否已经达到目标，而且有助于你策划实现目标的正确方法。我们认为，最佳目标有三个特征：明确、合适、可衡量。

我们的研究表明，一流销售人员设立明确、合适、可衡量的目标，对销售交流进行策划，能更加坚持不懈地实现拜访目标，更为自信地推进销售进程。他们明白，明确、合适、可衡量的目标不仅能帮助他们设定目标，而且有助于确保他们每次在和顾客的交流过程中都能取得某种实质性的进展。明确、合适、可衡量的目标能确定关注的焦点，这样既节省时间，又有助于确保销售人员和顾客进行富有成效的交谈，最终为销售交流增添价值。

我们将对明确、合适、可衡量这些特征做更深入的探讨。

明确

明确的目标能准确详细地描述你想要完成的事项。一流销售人员充分利用对当前明确目标的概述。在这里，我们所谈论的是你和顾客下一步交流的目标。想一想在交流结束时你希望达到什么目标，在销售进程的这一刻，成功意味着什么。

关键是，目标要明确。就为拜访指定任何可行的方向而言，模糊的目标，如“改善和阿科美公司的关系”，不会提供多少帮助。但是，“在我们下一次会面之前，让阿科美公司的汤姆引见其团队的另外三个人”则是一个明确得多的目标。在每次拜访之后，你都应该进行回顾，马上弄清楚是否达到目标。

设立明确、具体的目标能使你判定是否正在获得所期望的进展。一流销售人员认真分析真正实现目标意味着什么，或者未能实现目标又意味着什么，借此评价所取得的进展。使用上面所举的例子——“改善和顾客的关系”——难以确定这到底是什么意思，难以确定该如何制订计划来实现目标。另外，如果你能具体、详细地说明目标——“和汤姆团队的另外三个人进行接触”——你就更容易为拜访制订计划，指定明确的方向。

合适

目标不仅要明确，还要合适。一流销售人员明白，如果目标并不适合特定的销售交流，那么明确性就没有任何意义。关键在于根据你和顾客所处的具体情况，设立合适的明确目标。

不过话虽如此，我们也知道，确定何为合适，何为不合适，常常是设定目标的过程中最困难的部分。鉴于你们在销售进程中所处的位置，以及某个既定情形会如何展现，很难知道你所设定的目标是太小还是太大。你必须仔细考虑在哪些情形下可以实现哪些目标，你所设定的目标是否实际。

关键在于根据你们在销售进程中所处的位置来确定正确的目标。例如，在你初次拜访新顾客时就试图商定交易，这可能不合适。基于你们在销售进程中所处的位置，这个目标很可能太大了。另外，你们可能处于这样一个阶段，此时，合适的目标是召开一次现场会议，给主要的决策者和影响决策者进行讲解，而不是只给你的联络对象发送电子邮件，让他来向其团队成员传递信息。

总而言之，在确定目标是否合适时，仔细思考你所要求的是太多还是太少——从顾客身上、你所在机构以及你自己身上。另外，你是否在正确的时刻发出了正确的请求。

可衡量

目标应该明确、合适，还应该可衡量。你必须知道，自己是否确实完成了从一开始就设定的目标。只有当你的目标明确、合适、可衡量时，你才能做到上述这一点。不然，你只是在猜测而已，而猜测对任何人都无益。

例如，如果你的目标是，在销售拜访结束时征得顾客的同意，继续进行商议，最后签订合同，那么你将知道自己是否已经做到这一点——签了字的协议正是你所需要的实实在在的证据。

可衡量的目标能确认可量化的证据，可量化的证据则能表明你是否已经完成从一开始就设定好的目标。可衡量的目标能使你在推进销售进程时，掌控你们的进展情况。“你无法掌管自己不能衡量的事物”，这句格言在这里很适用。一流销售人员明白，就加快销售进程和达成更多交易而言，必须用是否达到目标来衡量进展情况，这一点至关重要。

在你每一次和顾客进行交流之前，明确、合适、可衡量的目标有助于你关注重点，进行策划。这类策划则有助于你准确识别每次和顾客会面时所要达到的目标。设定明确、合适、可衡量的目标能帮你引领每次的销售拜访和整个销售进程。当计划好目标，你就能更了解和顾客进行交流的开场、中间和结束部分。当你向顾客说明目标的内容，目标之所以重要的原因时，他们也会明白事情将如何发展。这样，你就能更好地掌控他们的期望，确保你在为他们传递价值——所有这一切都会加快销售进程。

关键时刻　说明你的目标

你应该向顾客明确说明你的目标，这一点尤为重要。因为你需要确保你和顾客的目标是一致的，你们对于每次交流的期望也是一致的。

向顾客说明目标的方式和设定目标本身同样重要。例如，我们通常不建议向顾客直截了当地说："我今天的目标是把这份合同签了。"实际上，你可以这样说："今天我希望能确保我所概述的解决方案能满足你们的特定需求。如果是这样的话，希望我们能就下一个最佳步骤达成一致意见。"请记住，讲话的方式和讲话的内容同样重要。你的重心应该总是放在顾客及顾客的需求上。

当然，即便完美的计划也可能出差错。如果你发现顾客的期望有些过分，那么你就得灵活处理。当你向顾客解释你们会谈的目标对他和他所在机构有何价值时，一定要尊重顾客的期望。

在这里，关键是要和顾客进行交流沟通。你可能会发现你的目标有些不合适。可能是时机不对，或许是话题不对，也可能是范围不对。重要的是，你的目标必须对顾客奏效。这是因为，目标关系到顾客，而不是你自己。

作为专业销售人员，你希望实现自己的目标，但实现你的目标应该对顾客有益。从本质上讲，实现你的目标应该是要满足顾客的需求。你如何根据顾客的需求来制定目标很重要，因为你的目标全都与顾客的需求有关。

提前策划，事后反思

我们的研究表明，一流销售人员不仅为和顾客的每一次交流进行策划，制定明确、合适、可衡量的目标，而且会对交流的结果进行反思和分析。

在每次销售拜访之后进行反思至关重要。对进展顺利的部分和进展不顺的部分进行评估很重要。并且，因为你等待记录的时间越长，就越容易忘记关键信息，所以在每次拜访之后必须进行反思，并且要立刻进行。

我们建议你在每次交流之后，花几分钟时间把你的反思内容记录下来。在交流之后立刻进行反思是最容易的，也是最富有成效的，那时候在你的脑海里印象最为深刻。如果你想在两小时、两天或两周之后再回忆交流的有关信息，那么你实际上不可能做到。一流销售人员明白这一点，他们始终都把反思当作为下一次交流设定更佳目标的手段。

我们的拜访后策划手段（见图 3.3）能帮助你在和顾客交流后进行反思。

JANEK Performance Group

关键销售®技巧策划者

拜访后

为本次拜访设定的 SAM 目标达到了吗？ 是 □ 否 □

哪些方面进展顺利？

你遇到的困难有哪些？

你了解到哪些关键信息？

接下来该采取哪些步骤？

要采取哪些行动？

图 3.3 拜访后策划手段

需要进行分析的内容包括：

- 为本次拜访设定的 SAM 目标达到了吗？
- 哪些方面进展顺利？
- 哪些方面原本可以做得更好？
- 你遇到的困难有哪些？

- 你了解到哪些关键信息?
- 接下来该采取哪些步骤?

策划与反思密切相关。正如他们所说的，如果你并不知道已经到过哪些地方，那么你不可能知道该去哪里。没有策划，销售拜访很容易脱离正轨。没有反思，则难以知道该如何为下一次拜访做策划。如果销售人员在和顾客交流后没有及时花时间反思所了解到的信息，那么他们就可能忘记在交谈中所听到的信息，并且无法回想起关于顾客的关键问题。

此外，如果你不对每次和顾客的交流进行反思，那么你将难以评估销售进程的进展情况，难以评估是否取得了必要的进展。对销售人员而言，停滞的交易是最棘手的难题之一。掌控每次交流，利用所创造的动力，从而推进销售进程，则容易得多。如果你不关注小的细节，那么可能在你尚未意识到之前，就会面临交易的停滞。你必须认识到需要进行什么样的活动，才能推动销售进程的进展。你每次的进展失败，都会降低达成交易的可能性。

拜访后的反思能帮助你策划并确定下一次拜访的目标，这样你就能加快销售进程，达成更多交易。如果不进行反思，你就不能进行相应的调整，不能让下一次拜访变得更有成效。不进行反思只会大大增加为下一次和顾客交流进行策划的难度。

反思确实是好手段。销售人员应该养成反思的好习惯。反思不仅能使销售交流变得更高效、更富有成效，而且能让你明白需要对销售方法进行哪些调整。这样，反思就成了一种自我指导的形式，帮助你更清楚哪些方面做得好，哪些方面做得不够好。

策划和反思是“关键销售框架”至关重要的组成部分。为每一次交流做策划的一流销售人员更有可能建立信誉，了解顾客需求，加快销售进程。花时间对每次拜访进行反思的一流销售人员能够更快速高效地为下一次拜访做好策划。一流销售人员明白，策划并不是只在销售进程的初期需要完成的事项。他们还知道，必须为每次销售拜访和每次销售对话进行策划，这一点至关重要。无论是为初次拜访一位新的潜在顾客做策划，还是为吸引人的方案陈述，抑或是为最后商定交易做策划，都必须设定明确、合适、可衡量的目标，并对进展情况做评估。一旦你花了时间为和顾客的交流做策划，那么下一步就是完成一个好的开场。好的开场能使销售对话朝着积极的方向发展。这是我们接下来在第 4 章要讨论的内容。

关键销售：所获经验

- 当今的顾客希望，你能为销售交流做好策划，这样你们就能够让彼此以有意义的方式参与进来。一流销售人员明白，无论你们处于销售进程的哪个阶段——第一次或最后一次拜访，为每次和顾客的交流做策划是多么至关重要。
- 提前策划有助于确定你对顾客、顾客的需求、顾客的期望有多少了解，以及你不了解哪些信息，你需要找到哪些信息。运用拜访前策划者表格有助于你重点关注每一次销售交流，这样你会更自信、更高效，也更富成效。
- 一流销售人员设定明确的拜访目标，知道明确的目标有助于为每次销售交流提供重点，引领每次销售拜访的顺利进展，并掌控所有的期望。明确、合适、可衡量的目标为确定销售进程的正确目标提供一个明确的、可重复的框架。

- 策划与反思密切相关。不要因为未能花时间进行事后反思而浪费你在销售拜访中的收获。一流销售人员明白每次拜访后立刻进行反思的重要性。在每次和顾客进行交流之后，他们都会花时间对进展顺利的和进展不顺利的部分进行评价。他们的这种行为使得他们在更好地掌控顾客期望的同时，更有可能让下一次拜访变得更高效、更富成效。

Critical Selling

第 4 章

良好的开场：和顾客建立良好关系

对你和顾客而言，不理想的开场实际上就是错失了良机。不理想的开场无法让顾客对你、你的公司以及你的产品或服务产生信任。它可能会使你的潜在客户不愿参与销售拜访，更糟糕的是，甚至终结销售拜访。

要想开场阶段进展顺利，引人入胜，就必须对此有充分的准备，这是至关重要的一步。当你拿起电话给潜在顾客打电话时，心中没有任何计划，那么将发生什么呢？即兴发挥会产生什么样的效果呢？如果开场不理想，你又能做成什么呢？

即兴发挥很少（如果曾经有过的话）带来极佳的效果。当你给顾客打电话时，心中没有任何计划，那么你所成就的事情很可能达不到你的期望。事实是，在开始销售拜访时，有计划的销售人员要比那些没有计划的销售人员更加成功。此外，我们的研究还表明，有效的开场是销售进程中最容易被低估的阶段之一。

如果我们能够以良好的开场来开始互动交流，那么其他一切事物都会自然而然地变得井井有条。良好的开场能给予你信心，让顾客感觉舒适。它能为互动交流打好基础，有助于为你和顾客建立良好关系创造积极动力。良好的开场并不会偶然出现。它需要进行策划和练习。好消息是，你可以采取一些特定步骤来确保你已经掌握了这个关键的销售技巧，以便为造就每一次良好的开场做好准备，并有信心应对。

为开场做策划

良好的开场能创造积极的动力，为你和顾客之间的交流打好基础，进而和顾客建立良好、融洽的关系。良好的开场要求销售人员将策划、展示个人魅力的艺术以及为销售拜访设定合理目的的技巧结合起来。在谈到良好的开场时，我们并没有花几小时来讲述策划，或进行冗长的独白。只需几分钟的时间——一些关键技巧——就可以让一切改观。

当你为开场做策划时，无论是面对潜在的新顾客，还是已经打过几次交道的老顾客，都必须考虑顾客的实际情况。正如我们在第 3 章所讨论的，策划在销售周期的每个阶段都极为重要。要想有良好的开场，你在做策划时必须考虑顾客、顾客的公司、顾客的需求。这意味着，你必须记住，顾客可能已经了解了相当多的信息，已经做了相应的调查研究。此外，同样重要的是，你还要考虑可能面临的阻力，以及你打算和顾客分享的信息。我们在上一章中看到的拜访前策划者表格（见图 3.2）是帮助你为良好开场做好准备的完美手段。

良好的开场有助于你成为受顾客信赖的顾问。仔细思考你要对顾客说的话，以及说话的方式。认真思考最先要说的几句话。但在此阶段，销售人员总是匆匆忙忙的，急于介绍他们的产品或服务的特色，不管潜在顾客是否为讨论做好准备，或者是否对你想要说的内容感兴趣。有太多的销售人员在没有告知顾客拜访的原因、如何展开本次交流、对顾客有何益处的情况下，就启动了销售进程。

一流销售人员明白，开场为整个销售交流定下了基调。开场时间可能很短——只占整个销售进程中和顾客所有交流时间的一小部分——但这并不意味着它不重要。实际上，对于销售人员而言，良好的开场极为重要。成功做到这一点需要四个关键技巧：做好开场白，建立良好关系，完成“合理目的陈述”，确认顾客接受你的想法。

做好开场白

在销售拜访中，开场方式极为重要。无论是和顾客的第一次会面，还是第十次，开场白都是开始积极交谈的好机会。顾客比以往更为忙碌，销售人员需要充分利用和顾客交流的每分每秒。

真正的开场——在每次交谈的最初一两分钟——应该不仅是一声简单的“你好”以及随意的调侃。良好的开场既有目的性，又有灵活性。这意味着，在开始交流时，你应该满怀信心，声音和行为中都透露出自信。有力的握手、到位的目光交流、温暖的微笑以及轻松的身体语言都有助于让顾客感到舒适。

请记住，在交谈时，人们通常以同样的方式做出回应。如果你用意明确、满怀信心地开始交谈，那么顾客将感受到这一点。但如果你在这个关键步骤上感到犹豫不决，顾客也会感受到。为了能造就良好的开场，你必须表现得胸有成竹、信心十足。你必须在情感上、心理上都做好充分准备（积极的心态在这里极为重要），这样你就能给顾客留下最好的印象。

你要表现出自信，显示出对自己的公司以及产品或服务的真诚的热情。向顾客明确表示，你期盼和她合作，无论她和她的公司有什么样的问题，你都乐意帮助她找到问题的解决方法。要让她知道，你对她和她的公司做了一些调查，已经为这次拜访做好了策划。

在开场的前几分钟就定下基调，还需要你和顾客交谈融洽。要关注顾客的反应，并根据顾客的行为做出相应的反应。在面谈的过程中，如果顾客明显表现得更为克制，那么就不要强行制造热闹气氛。方法一定要灵活，并记住，信心并非只体现在表露你的个性特征上，还体现在能快速识别并适应顾客的风格。一流销售人员明白这一点，并能充分利用每一个开场，他们更有可能建立必要的融洽关系，从而成为受顾客信赖的顾问。

■ 建立良好关系

就加快销售进程、达成更多交易而言，和顾客建立融洽、良好的关系极为重要。很多销售人员认为，他们很善于做到这一点，但是就建立良好关系而言，他们很容易陷入一些陷阱。

一流销售人员明白，建立融洽的关系不仅仅指友好的谈笑。不要因为顾客表现友好或有风度或显得和蔼可亲就以为你们已经建立了融洽的关系。融洽是慢慢建立起来的，它需要不断努力——任何一种关系都是如此。

一流销售人员还明白，建立融洽的关系不必过于关心他人的私事，也不必建立在远远超出和顾客所讨论的行业、产品或服务的共同兴趣之上。和顾客聊你们的孩子都在上中学，他们都喜欢踢足球，这可能是建立融洽关系的方式之一，但是有很多其他方法能让你在公事和私事之间保持平衡。

当然，这里有些细微差别。建立融洽关系既是技巧，又是艺术。它不会偶然出现。如果太尽力了，那么就会让人有强迫感，容易被识破，或者太明显。过于活跃的谈笑又会让人感觉太随意。有更好的建立良好关系的方法。

关键时刻　了解顾客的风格

融洽的关系不能强行建立。一流销售人员懂得，需要灵活对待，适应顾客的风格。他们花时间评价顾客的独特交流风格，然后做相应调整，适应顾客的风格，从而让顾客感觉舒适。

每一位顾客都是独一无二的，你该如何着手建立融洽的关系要因顾客而异。了解以下四种常见的顾客风格能为和顾客进行有效交流提供指导。

- 友好、魅力型。这种类型的顾客往往表现外向，精力充沛。在你们的谈话过程中，他可能会率先发起闲聊。当你和友好、魅力型的顾客打交道时，你的精力要与他的精力相匹配。要确保清楚谈话要说的内容，注意顾客多次提到的话题和业余爱好。
- 业务型。只关注业务的顾客通常很少闲谈打趣，他们更愿意开门见山、直接讨论眼下的问题。他们语调通常中立或专业。和业务型顾客建立融洽的关系，就要准备好专业的话题。把握好你的精力度，密切注意顾客不愿意多闲谈的迹象。
- 远见型。远见型顾客通常热情、健谈，往往会被有创意的想法和观念所吸引。你必须保持积极，随时准备好参与有趣或愉快的交谈。同样重要的是，你要重点关注整体情况，而不是提供过多细节。另外，要留出额外时间倾听顾客讲述其观点和感兴趣的事。

- 谨慎多疑型。谨慎多疑型顾客通常语气严肃。她可能很少闲聊，可能提出异议或有挑战性的问题来考验你。你必须保持平静，持中立、专业的态度。留出时间让顾客思考你所说的话，必要时，为顾客提供指导，帮助她下结论。

当然，大多数顾客都不会是完全符合某一种类型。对于销售人员而言，关键是要技能全面，并能灵活多变。了解这四种风格类型的顾客有助于你适应他们，做出必要的调整，采用与各种顾客的风格相匹配的方法，这样你就更容易让顾客感到轻松，更快建立融洽的关系。

这里再一次成为策划的用武之地。事先稍做研究对于建立和顾客的良好关系大有帮助。例如，如果你正在和一位来自会计公司的顾客面谈，你的研究可能表明，她刚写了一份关于价值公式的详细报告，那么与绞尽脑汁寻找适合闲聊的有关个人生活的共同点相比，此刻谈论那份报告是更好的选择。谈论个人话题可能导致交谈失败，与其冒这样的风险，不如利用该机会证明，你花时间做了一些研究，并为这次交流沟通做了策划。

请注意，这种交谈可以成为你的优势。这不仅在于它有助于建立融洽的关系，还因为它能使你从其他那些仅在私人层面建立融洽关系的销售人员中脱颖而出。你应该向顾客表明，你已经为开场做好了策划，对顾客做了调查研究，能够和她谈论她所关心的事物，这样你就能立刻为你们的关系增添价值。

你应该精心建立和顾客在专业层面的融洽关系，并慢慢培养。对每一次和每一位顾客的销售拜访的开场方式进行策划可以清楚表明，你完成了分内工作。有些话题可以在你和顾客的所有交谈中予以探讨——这些话题将慢慢培养你和顾客的关系。在收集这些话题的过程中，策划是简单但极其重要的一步。

关键时刻 利用研究建立良好关系

和顾客融洽相处是建立持久良好关系的基础。在每次销售拜访前，提前了解有关顾客的关键信息有利于你和顾客顺利交流。这样的交流能让顾客感到舒适，同时表明，你完成了分内之事——并且你对他们感兴趣。

一流销售人员不会费力寻找顾客们不同个人喜好的共同点，他们明白在专业领域内寻找话题范围的重要性。此类话题范围有助于他们和顾客建立融洽的关系。

这些话题范围包括顾客曾经就职的公司、专业知识、毕业院校、所属的专业团体或机构、所写的文章或论文、所任职的董事会，甚至是其提供志愿服务的慈善机构。

上述信息的来源包括领英网、其他社交媒体、顾客所在公司的网站、博客或专栏、校友会等。

和顾客在专业层面建立融洽关系能让你从那些和新顾客谈论老套私人话题（如孩子、家庭和体育）的销售人员中脱颖而出。当然，这并不意味着，你在交谈时不能提及私人方面的话题。但是，调查顾客的专业背景，为每次销售拜访提前做好策划，能为你提供另一个和顾客建立良好关系的途径，同时为交谈添加价值。

完成“合理目的陈述”

随着开场阶段交谈的深入，你必须向顾客表明和他交谈的目的。在你讲完开场白之后，着手和顾客建立良好关系时，那么就该向顾客表明你的合理目的了（我们称之为“合理目的陈述”）。

“合理目的陈述”是保障开场顺利进行的重要部分。这是一个关键的技能。它表面看来很简单，但要顺利实施则比你乍一看所认为的要难得多。

在销售拜访的这个阶段，你希望让顾客了解交谈的目的。让顾客明白销售拜访的目的为销售拜访确定了框架。这不仅可以作为你的拜访目标指南，还可以作为顾客的进程计划，这样他就能知道应该有何期望。这一点再简单不过了：说明你的目的。

确保目的陈述的合理性是“合理目的陈述”中较为棘手的部分。要确保目的陈述的合理性，你必须让顾客明白，他将从中得到哪些收益。他为什么要花时间和你进行交谈呢？请记住：销售拜访并非只和你想达成的目标有关。你还必须让顾客明白，他为什么应该花时间和你进行交谈。你必须告诉顾客交谈对他有何价值。

通过完成“合理目的陈述”——你并未仅仅全心投入介绍产品或服务的特色或者直接过渡到销售进程中的发现阶段——你在建立信任感，逐步树立顾客的信心，因为你为顾客提供了机会来听取并理解你拜访背后的原因。这样做将帮助你获得顾客的认同，使拜访对你们双方都更富有成效。

“合理目的陈述”有助于你避免进行无意义的销售拜访。因为你必须认真思考拜访顾客的原因，必须想好要说的话，这样你就避免了因为目的不明确而进行毫无成效的拜访。对于接下来的拜访，更是如此。

我们不会单纯为了进一步采取行动而随后拜访顾客。事实上，销售人员可能做出的最为糟糕的事情之一就是，仅仅为了进一步采取行动或为了保持联系而给顾客打电话。为什么呢？因为这些拜访没有任何目的，当然也对顾客没有任何价值。一般的、为了保持联系的随后拜访并没有以顾客为中心。这些拜访只与销售人员有关。为了联系而联系没有什么意义。事实上，这种拜访可能导致失败，让你失去可信度，因为它并没有为顾客提供任何价值，并且有可能让顾客感觉到，这是在强迫他浪费时间。这可能使形势变得对你不利，这绝不是你希望看到的。

如果你正在和一位顾客取得联系，你需要有一个合理目的。你需要说明这对顾客有哪些益处。如果你心中并没有一个合理目的，那么你首先应该重新考虑为什么要拜访该顾客。

每次拜访都要为顾客提供明显的价值。拜访必须推进销售进程。如果它未能做到这一点，那么它就没有产生价值——对顾客或对你而言。更为糟糕的是，它还会导致顾客对你说出此类让你感到担心的话——“我回头联系你吧”，这会增加交易停滞的可能性。

不要仅仅为了进一步采取行动，或者为了保持联系而拜访顾客，要以自信、简洁的方式直截了当地向顾客说明你的合理目的：

- “您或许知道，我们能帮助您这样的企业［做这件事］，我可以取得［X］效果。我想用几分钟的时间来了解您的运营状况，以便为您提供您所需要的信息。”

- “今天，我想更好地了解您的需求和要求。一旦我对您和您的公司最为关注的事物多一些了解，那么我就可以为您提供一些建议。”

一流销售人员知道如何以合适的方式向顾客说明每次拜访的原因和谈话的方向，从而向顾客表明本次交谈对顾客有价值。他们知道如何做一个强有力的合理目的陈述，让顾客听起来感觉既真实可靠，又很自然，不会觉得他们是在表演或是排练。在每次销售交流的最初阶段，一流销售人员就确定了他们想要谈论的内容，并从顾客那里得到关于议事日程的反馈。他们在谈话的每一步都和顾客进行确认，从而做到这一点。这是良好开场的另一个重要方面。

关键时刻　面对面交流

和顾客建立良好关系需要你和顾客进行面对面交流，如何进行交流要求你利用三个要素：言辞、音质和身体语言。这三个要素组合在一起就构成了你的表现。

你所说的话、说话方式、行为举止组合在一起，向顾客传递有关你的信息。当你在选择言辞时，必须考虑顾客的风格（参见之前所讨论的）。要使用顾客的语言——比喻的和字面的。要使用顾客所使用的关键术语和短语。例如，如果一位顾客不断地说，在采取下一步行动之前，她需要从团队那里得到认同，那么你不要复述她的话，而是询问她需要什么才能征得团队成员的同意。对顾客的话语做相应的反应，这样可以表明，你在专注地倾听顾客的讲话，这大大有利于顾客感觉舒适自在。

你的音质也同样如此。语气、语速、措辞、语调变化，所有这些方面都会影响你的表现。你可以利用自己的音质为和顾客的每次会谈定下积极的基调。请记住，你说话的方式和说话的内容同样重要。身体语言也会传递信息。你的外表、握手、微笑、姿势，所有这些都能体现出你的职业精神，以及你对顾客的关注度。

一流销售人员了解自身的表现，他们努力调整自身表现，以适应顾客的不同风格。你也可以做到：

- 讲话时多停顿。如果顾客看起来似乎需要更多时间来消化你所讲述的信息，或回答你的提问，那么你在继续谈话之前，应该稍做停顿，让顾客有时间进行思考。
- 对顾客的身体语言做相应的反应。你的身体语言要和顾客保持一致，这一点很有用，但是要确保你表现得积极肯定。例如，当顾客的身体向前倾时，你的身体也要跟着向前倾。但是对于双臂交叉要三思，这可能会在不经意间传达否定的态度。
- 调整精力和语调。要确保你的精力和语调与顾客保持一致。例如，面对典型的业务型顾客时，语言要简洁，只讲述最相关的信息。

两种不同类型的人可能说出一模一样的话，但是由于另外两个方面（音质和身体语言）也能传递相关信息，所以我们要以不同的方式来理解他们想要表达的意思。仔细思考你的表现能传递哪些信息。同样，要仔细思考顾客的表现又传递了哪些信息。要确保你和顾客持有相同的观点。

确认顾客接受了你的想法

有效完成“合理目的陈述”是良好开场的关键部分。但这并不意味着，你应该只告诉顾客你想要谈论的内容，然后稳步进行交谈。你必须确保顾客明白本次拜访的主题，以及拜访对他有何价值，此外，你还要确保你们彼此之间是同步的。

一流销售人员花时间查明他们向顾客陈述的合理目的和顾客想要谈论的事物是一致的。他们明白，如果顾客想要谈论甲事物，而他们准备了乙事物，那么他们就会面临严重损失可信性的风险。

这里的诀窍简单但有效：和顾客确认你们要讨论的内容。只需在你完成“合理目的陈述”之后提出一个简单的问题即可：

- “这个想法如何？”
- “这个想法还不错吧？”
- “您想讨论的事项都包括在内了吧？”
- “这对你有用吗？”

这似乎很简单，或者甚至过于基本，但我们的研究告表明，这个小步骤极其关键，它是有效销售拜访的最强有力但被忽视了的一个方面。许多销售人员未能确认顾客是否明白本次拜访的目的，它对顾客有何价值，顾客是否赞同“合理目的陈述”。太多的销售人员并未停下来把顾客带回到交谈中。事实上，他们只是一讲到底，认为顾客一直紧跟他们的思路。

这是错误的行为。

有些销售人员出于多种原因（没有一个原因是站得住脚的）省掉了这一步。他们可能害怕会失去对谈话的掌控。他们可能担心，如果顾客不赞同“合理目的陈述”，那么又将发生什么情况。他们可能害怕不得不应对早早出现的他们还无法处理的异议。他们可能认为自己更加了解情况，因此持有这个常见的错误观念，即，他们既了解顾客的需求，又了解着手满足这些需求的最佳方法。

这种推理方式将很快使你一无所成。一流销售人员以自信、简洁的方式做完“合理目的陈述”，然后很快和顾客确认是否接受他的想法。如果顾客尚未接受，那么这就为销售人员提供了一个讨论顾客关于谈话该如何进行的想法的机会。

例如，顾客可能说：“是的，这个想法听起来不错。我们来谈谈吧。”或者他可能说：“这听起来还可以，但我还想了解您的团队准备如何实施该想法。”

此时你就获得了一个机会，你能倾听顾客的意见，评价他的需求，修改你的“合理目的陈述”使之适应他的需求。听取顾客的意见，对你的“合理目的陈述”做必要的调整，你不仅能使本次拜访更富有成效，而且能通过向顾客表明你考虑了他的需求，从而进一步建立融洽的关系。因此，如果顾客确实提供了反馈，能让你重新思考“合理目的陈述”，那么你就必须根据反馈信息重新定位你的方法，并再次加以确认。

和顾客进行确认并非只进行一次，或只在开场阶段进行，或只在和新顾客打交道时才进行的事项。一流销售人员在整个销售进程的几个关键时刻都会和顾客进行确认。实际上，和顾客进行确认是非常重要的手段，销售人员在整个“关键销售框架”中都需要使用它。

这听起来感觉如何?

关键时刻 在电子邮件和语音邮件中进行“合理目的陈述”

无论是亲自拜访顾客，还是通过打电话，实施强有力的“合理目的陈述”都是有效的方式，确保你和顾客进行有针对性的、简洁的交流，确保你向顾客提供明确的价值。这有助于你和顾客建立融洽的关系，使每次拜访都更富有成效，并提供推动销售周期向前进展的动力。

当然，你并不能随时和顾客取得联系。有时，你不得不留言。在那样的情况下，无论是使用电子邮件还是语音邮件，你都应该使用“合理目的陈述”，把它作为交流中最主要的部分。如果这些中间信息（电子邮件或语音邮件中的信息）有效，那么它们将大大促进交流的顺利进行。

在留言中利用“合理目的陈述”有一个简单的公式：

你的姓名+“合理目的陈述”+随后的步骤+联系详情=使用“合理目的陈述”的最佳做法

电子邮件留言可以类似于以下内容：

贾斯汀，下午好！

见信安好。我和您联系是想谈一谈我们上周的讨论情况。您可以回想一下，您当时询问产品 X 的两个版本的相关信息，以便和您的团队分享详细信息。您还想对实施过程了解更多信息。我已经收集了您所要求的信息，想对您做一次拜访，对此进行探讨。周一下午或周三上午拜访您行吗？请回信告知您最合适的日期和时间。您可以通过以下地址 sarak@email.com 给我发邮件，或拨打电话 800-×××-××××和我联系。

期盼您的回复。

谢谢！

萨拉

进行反思，结束开场

当你思考和顾客交谈的最初几分钟内必须做好的所有事项时，你意识到，这涉及的方方面面有很多。交谈的最初几分钟给顾客造成何种影响取决于你对拜访的策划程度。你必须做好开场白，建立良好关系，完成“陈述合理目的”，确认顾客接受你的想法。

如果你能让开场进展顺利，那么拜访的其余部分以及销售进程的其余部分就会具有积极的动力，自然会进展得有条不紊。但如果开场进展不顺利，那么其影响将不利于（甚至可能是毁灭性的）销售进程的其余部分。

你如何才能知道开场是否进展顺利呢？答案是，倾听顾客的想法，得到顾客的反馈信息，然后进行确认。一流销售人员还会进一步采取行动：他们会进行反思。

请记住，我们在第 3 章对策划和反思的重要性进行的探讨。你策划了好的开场、获得了顾客的反馈信息、和顾客进行了确认，但接下来如果你立刻结束面谈、进入到下一个待办事项，那么你就会浪费之前付出的所有努力。你应该反思拜访进展如何，哪些方面奏效，哪些方面不奏效；你从顾客那里得到了哪些主要收获；接下来你需要做哪些工作；为了使销售进程进展顺利接下来你需要为顾客提供什么。

请记住，销售进程一直都与顾客有关。不要仅仅把它当作销售进程，还要把它视为顾客的购买过程：你怎样以最佳方式让顾客从上一个步骤进入到下一步呢？此时，和顾客建立良好、持久的关系最为重要。

良好的开场是销售进程中至关重要的一步。它不仅为销售进程创造了条件，而且为你提供了机会，让你对顾客、顾客的需求、如何满足顾客的需求有更多了解。这种反馈信息是无价的。

就提出有助于推进销售进程的问题而言，认真思考顾客提供的反馈信息对你很有用。就和顾客建立良好关系而言，在合适的时机提出正确的问题至关重要。你从顾客那里得到的回答能让你进一步了解顾客的需求，这是销售进程中的另一个关键步骤。接下来，我们将在第 5 章对此进行探讨。

关键销售：所获经验

- 不理想的开场就是错失了良机，这会损害顾客对你的信任度。但良好的开场则有利于其他一切活动的顺利进展。
- 要想有良好的开场，你在做策划时必须考虑顾客、顾客的公司、顾客的需求。这意味着你必须认真思考你要对顾客说的话以及你说话的方式。它还意味着，你必须将策划、展示个人魅力的艺术以及和完成“合理目的陈述”的技巧结合起来。

- 一流销售人员不会低估有效完成“合理目的陈述”的强大影响力。他们设法确保清楚、简洁、自信地陈述每一个“合理目的”。
- 确认和反思。一流销售人员明白，要想确保顾客认同他们的想法、和他们的想法一致，就必须和顾客进行确认，这一点很重要。反思则能让你回顾事情的进展情况，弄清楚下一次该如何做出改进。

Critical Selling

第 5 章

全都与“发现”有关：了解顾客

几乎每一位销售人员都会说自己发现了顾客的需求。但事实是，一流销售人员确实更精于此道，并且明白其中的重要性，而有些销售人员则在急于介绍自己的产品或服务之前，可能提一些基本问题。这两类销售人员之间有很大差异。

发现顾客的需求至关重要。正是这些需求带来了购买机会。我们在第 4 章探讨过，良好的开场为了解顾客并发现其需求打下了基础。顾客的这些需求创造了驱使顾客和你一起努力找出解决方案的动力、目的和决策推动力。优秀销售人员通过向顾客提问以求挖掘出能证实顾客需要他们所提供的解决方案的信息。但一流销售人员则会进一步深入挖掘，以发现顾客需求背后的根本原因，然后利用这些信息更清楚地说明他们的产品、服务和解决方案能如何满足顾客的需求。

这里有一个很重要的差别。通过提问来确认你的产品和服务符合顾客的已知需求是一回事，从更深的层次发现顾客需求，发现那些甚至连顾客自己都可能不了解的需求又是另一回事，这两者有很大差别。一流销售人员专注于后一种方法。他们提出问题，积极听取顾客的回答，以便尽可能了解顾客，以及他们的需求、目标和期望。

销售全都与“发现”有关。许多销售人员把推销活动与陈述信息及达成交易联系起来，但事实却是，大多数推销活动都发生在销售进程的发现阶段。通过向顾客提问，聆听顾客回答，发现顾客需求，你能激发顾客的兴趣，建立信任，赢得信任，用适当的方式和顾客打交道，从而使你从竞争对手中脱颖而出。

我们的研究表明，一流销售人员在销售进程的这个阶段所花费的时间超过了其他阶段。他们明白，在发现阶段多投入时间实际上能加快销售进程。但遗憾的是，许多销售人员看待该问题的方式则完全相反。我们的研究表明，业绩不佳的销售人员花更多时间讲述解决方案，应对顾客异议以及最后商定交易（或试图最后商定）。他们错误地认为，这样能帮助他们更快达成交易。但事实却是，省掉或轻视发现阶段实际上会拉长销售进程。就获取顾客信任而言，这也不会为你赢得任何额外加分。

我们发现，如果你向顾客提出正确的问题，聆听顾客的回答，那么他们将准确告诉你他们有何需求及如何满足需求。向顾客提问并倾听顾客的回答，和顾客进行真正的交流，这有助于找到实现双赢的解决方案，使你成为受信赖的顾问，和顾客建立持久的关系。

此外，并非只有我们的研究有了这些发现。内布拉斯加林肯大学的苏西·普赖尔教授和阿维纳什·马尔希教授最近发现，“在销售和销售管理中，沟通技能是最为重要的有效性决定因素”。对此我们表示完全赞同。通过了解顾客最为重视的事物，你就能量身打造解决方案以满足顾客需求。一旦你成功做到这一点，你就能加快销售进程，达成更多交易，同时让自己从竞争对手中脱颖而出。

明白“发现”的益处

几乎每一个从事销售、销售管理、销售培训的人都赞扬发现顾客需求的好处。即便如此，也有太多的销售人员在陈述解决方案之前未能对该技巧予以重视。这是错误的行为。因为发现顾客需求可能意味着不断地和已经建立持久关系的顾客达成更好的交易，而不是仅仅只接受一个订单。

在销售进程的发现阶段有好的表现极为重要。它要求你提出正确的问题，积极倾听顾客的回答。接下来，我们将对此进行讨论。但是为了弄明白如何做好这项工作，你首先应该明白为什么要这样做。

充分利用发现阶段有助于你发现优质信息。它有助于和顾客建立长期关系，也有助于你从竞争对手中脱颖而出。这都不是无足轻重的小事。

我们发现，如果你提出正确的问题，顾客通常都会告诉你，他们需要购买什么，以及如何向他们出售。当然，提问还能帮助你发现关于顾客、顾客的需求、顾客的公司的详细信息。这些信息将帮助你做出引人入胜的陈述，做出报价，草拟建议，等等。在发现阶段向顾客提问将帮助你发现优质信息，这些信息能展现你所需要的详情，帮助你满足顾客需求。但仅仅做到这一点还远远不够。

一流销售人员明白，提出好问题不仅能够发现优质信息，而且能强烈影响顾客对你的看法，进而对你和顾客之间的关系产生重大影响。在发现阶段未能提出好问题的销售人员通常仅仅被视为拿订单者——你绝不希望被顾客视为这类人。

从拿订单者到成为受信赖的顾问，最简单的方法之一就是，提出经过缜密思考的旨在让顾客畅所欲言的问题，并以不同的方式思考他们的特定情形。一流销售人员更重视提问，而不是机械地重复宣扬他们自身、他们的公司、他们的产品和服务有多卓越。正因为如此，一流销售人员能更快速有效地建立信任。当顾客明白你是想了解他们的需求，而不是向他们出售某个器具时，他们会感到轻松自在。这样一来，他们就更愿意敞开心扉，为你提供你所需要的优质信息，以便你为他们提供最佳的解决方案。这样一来也就形成了良性循环：顾客感觉越舒适，就越会畅所欲言；顾客越畅所欲言，你获得的信息就越优质；你获取的信息越优质，你就越能满足顾客的需求；顾客越能意识到你想发现他的需求，你们的关系就越牢固。最后，提出问题、引出优质信息有助于建立信任，该信任不仅有助于满足顾客的需求，还会加快销售进程，达成更多交易。

如今依靠产品或服务使自己脱颖而出变得越来越困难。在这样的年代，试图运用相同的老办法来推销其他人也在销售的相同商品或服务，是错误的行为。你的方法极为重要，充分利用发现阶段是使你从竞争对手中脱颖而出的重要途径。通过提出真正的好问题、提供好想法、充分了解情况，你能向顾客表明，你不但知识渊博，而且是有用的资源，不仅仅是一名销售人员。

在考虑顾客的已知需求和未知需求时更是如此。所有顾客都有需求，但只有部分销售人员确切知道顾客的需求。许多顾客还有待了解自身的需求范围。一流销售人员充分利用发现阶段，提出经过缜密思考的问题，探究顾客的各种需求，经常帮助顾客发现他们自己都未能意识到的需求。这是一流销售人员使自己脱颖而出的最强有力的方式之一，他们不是通过产品或服务，而是通过他们的方法，向顾客提供价值和想法。

提出正确的问题

提问能使你收集必要的信息，从而了解顾客的独特状况。这是以顾客为中心的销售方法的基础。你需要了解顾客、顾客的需求、顾客的当务之急等。我们的研究表明，这些年以来，以顾客为中心的销售方法的作用和重要性已经发生了变化。事实上，正如我们在第 1 章所讨论的，当前有两个关键变化：一是顾客了解的信息更多；二是他们处于购买过程中的不同阶段。因此，作为销售人员，你必须重点关注顾客的需求，弄清楚每位顾客处于购买过程的哪个阶段，以便做出相应调整，用适合的方式会见处于特定阶段的顾客。这不仅需要你提出一些问题，还需要所提出的问题是正确的。

当然，提出问题并非新颖的观念。大多数人可能一致认为，如果你想向顾客销售商品或服务，你至少得提出一些问题。但遗憾的是，大多数人并不太擅长这个关键的技能。

你应该通过探究顾客重要的关注领域，提出有助于全面了解顾客、顾客的公司、顾客的特定情形以及顾客的需求等有针对性的问题，从而深刻了解顾客的需求，这一点很重要。你应该自觉做到这一点，即提出有针对性的、特别关注的问题，深入挖掘，从而发现关于顾客的关键信息，这一点也至关重要。这并不仅仅是提出一些问题让顾客畅所欲言，这要求在合适的时机以合适的方式提出合适的问题。

这可能要比看起来更难。为什么？因为，在合适的时机以合适的方式提出合适的问题要求你不仅提出合适的问题，而且要积极倾听顾客的回答。重要的是，不仅要听到顾客正在说什么，还要听出他没有说出口的话。同样重要的是，要注意顾客的音质和身体语言（我们将在本章的后面部分对此进行探讨）。

通常，在发现阶段提出合适的问题，就问题的措辞而言，需要一点小技巧。先提开放式问题会有很大帮助。这类问题旨在打开谈话的闸门，这样顾客就能够真正思考自己的情形和需求。你可以让顾客思考此类问题：

- 您如何描述您目前的状况？
- 您理想的状况是什么样的？
- 如何才能达到您的理想状况？
- 过去哪些策略对您最有效？
- 是什么阻碍您以更快的速度完成目标、达到目的？
- 目前您面临的最大挑战是什么？
- 您最喜欢目前所使用的产品或服务的哪些方面？
- 您最不喜欢哪些方面？
- 能够改变您公司的最重要的行为是什么？
- 是什么阻碍了您继续前进？

最重要的是，你必须记住，发现阶段的主要内容应该是交谈。这种交谈是双向的，旨在为顾客提供一个交流的途径。通过交谈，顾客不仅能告诉你他认为自己需要什么，而且能探究其他尚未发现的或尚未满足的需求——这并不意味着你可以推进自己的工作计划，而是你们能一起合作，为顾客找到合适的解决方案，而该解决方案可能是顾客自己从未想到过的。

关键时刻　准确表达问题，发现最优质信息

首先，问题的表达方式和问题的提出同样重要。无论是封闭式问题（通常只需回答是或不是的问题）或是开放式问题（能够带动话题展开的问题），问题的表达方式都会大大影响你从顾客那里收

集到的信息类型和数量。

问题的表达是有技巧的。想一想最佳采访者，如奥普拉·温弗瑞、芭芭拉·沃尔特斯和拉里·金，他们是如何在合适的时机提出合适的问题从而让对方畅所欲言的。我们的意思并不是，你的提问应该让顾客感动落泪或发自内心地进行坦白，但你确实应该提出优于“我如何为您效劳？”的问题。

以合适的方式表达问题能帮助你获得有助于发现顾客需求的优质信息。但事实上其益处还不止如此，在合适的时机以合适的方式提出合适的问题不仅有助于发现顾客已经意识到的需求，而且有助于发现顾客自己可能从未想到过的各种需求。提问有助于你进一步深入挖掘，使顾客不仅能想到必须做或应该做的事，而且能想到能够做的事。

我们把这看作“策略性提问”，策略性提问是需要技巧的。重要的是，你不仅要提出经过缜密思考的旨在获取关键信息的问题，而且要表现出适当的兴趣。如果你表现得不真诚，顾客很容易就能识别出来。因此，你必须真诚、可靠，这一点很重要。关键不是提出提前设计好的问题，而是指提出的问题能激励顾客进一步思考，以新的方式来看待自己的情况以及可以采用哪些措施来予以改善。

策略性问题应该激励顾客思考：

- 有关他的当前状况的信息，其中包括他目前正在使用的解决方案。
- 关于现状、当前供应商、现有的选择、竞争对手等的态度和观点。

- 对可行的解决方案的期望和看法。
- 为满足需求而可能采取的行动。

一流销售人员不害怕进一步深入挖掘，而是帮助顾客对自身的现状和可能的解决方案进行更全面的思考。他们不害怕询问原因。他们不害怕说“请再多提供相关信息”。他们心里很清楚，他们和顾客一起合作能够找到哪怕是最为棘手的问题的解决方案。他们不害怕引领顾客走向未知的领域。

深入挖掘，了解未知信息

据我们的观察，就提出合适的问题而言，许多销售人员会犹豫不决，有时甚至害怕深入挖掘。因此，他们提出的问题只触及皮毛，他们的提问可能和任何其他销售人员都一样，无法使自己脱颖而出。这样机会就丧失了。

一流销售人员明白，合适的提问需要他们跨越显而易见的信息，“发现”不是指提出表面层次的问题。但遗憾的是，表面层次的问题正是大多数销售人员所关注的话题，他们通常提出如下简单问题：

- 您需要多少设备？
- 应该制定什么样的方案？
- 您的期待是什么？
- 您的时间期限或最后期限是什么？
- 我们该如何为您提供帮助？

这些都是很基础的问题，它们根本不会使你从竞争对手中脱颖而出。每一个销售人员都在问这些相同的问题。作为一流销售人员，你一定要进一步深入挖掘信息。

要进一步挖掘信息，你必须提出后续问题，并且要倾听顾客正在说的话，以及他没有说出口的话。你必须致力于发现顾客的需求（或顾客所认为的需求），以及驱动该需求的相关形势。需求背后的真正原因是什么？为什么会有这样的需求？哪些因素在影响该形势？为什么要此刻满足该需求？对于顾客和顾客所在机构有何益处？如果该需求未能得到满足，又会发生什么？

除了这些后续问题，你甚至还可以更进一步深入挖掘，这种形势已经存在多长时间了？为了满足这一需求，顾客面临着什么样的难题？顾客已经尝试了哪些其他解决方案？其他解决方案在哪些方面失败了或成功了？

你还要探究该形势所涉及的决策因素。询问顾客决策过程涉及哪些人，询问顾客的期望是什么，他们的期望和团队其他成员的期望是否一致。

如果你能提出合适的问题，那么你就能让顾客以不同的方式进行思考。你的提问能让他们的思考不局限于表面，不局限于他们已经清楚意识到的细节信息，而是要思考那些他们自己可能都不了解的信息。这才是真正有价值的信息。如果你能让顾客认真思考，真正做到畅所欲言，那么你就有可能通过有针对性的提问，使顾客意识到他之前未能想到的问题——你能帮助他想到的问题。

有针对性的提问能让你收集到必要的信息，能帮助你理解顾客的特定状况。我们明白，在合适的时机以合适的方式提出合适的问题，是不容易做到的事，这可能会让你不知所措。事实上，这需要练习。你可能不知道从哪里开始，我们可以为你提供帮助。我们的研究发现了六个重要的关注领域，所有销售人员都应该和顾客一起来探究这些领域，这些都是开始行动的极佳之处。

■ 以六个重要的关注领域为目标

一流销售人员明白，好的提问有助于增进他们对顾客需求的了解，使他们最有可能为顾客量身定制有益于顾客的解决方案。

我们的研究发现了六个重要的关注领域（见图 5.1），这些领域能帮助销售人员深入理解顾客：

图 5.1　六个重要的关注领域

- 顾客所处的形势。
- 顾客的需求和难题。

- 相关人员和人物关系。
- 购买过程。
- 可选择的产品、服务和备选方案。
- 影响。

你需要探究这六个重要的关注领域，这样你就能准备好继续采取下一步行动。一流销售人员明白，处理好这六个关注领域将帮助他们尽可能快速高效地从顾客身上获取高品质信息。你应该和顾客进行亲切的交谈，来探究这些关注领域。这可能只需要进行一次交谈，也可能需要多次。这取决于交易的性质、销售工作的复杂性、顾客的状况。接下来，让我们逐个探讨每一个关注领域。

顾客所处的形势

评估顾客当前的形势通常是销售交谈中首先处理的问题。在该关注领域，你想了解顾客当前的状况（顾客所处的环境目前有什么）、顾客的满意度（顾客对当前状况的满意情况）。

对很多销售人员而言，评估顾客所处的形势通常是发现阶段最容易的部分。他们会提出诸如“你目前正在使用的产品或服务是什么”或者“你对当前的产品或服务有多满意呢”之类的基本问题。一流销售人员则提出开放式问题，以和顾客交谈的方式深入挖掘相关信息。他们会提出这样的问题或运用这样的话语：“请您再多谈一点您目前正在使用的产品或服务。”“您对目前正在使用的产品的哪个方面最满意？”“您希望您目前所使用产品的哪些方面能得到改进？”此类问题有助于你从顾客身上获取高品质信息，更好地根据顾客的需求来定制解决方案。获取额外的详细信息有助于提供更多有关顾客的线索，这样你就能充分了解顾客当前所处的形势。

在这里，不要仓促推动销售进程，这一点很重要。不要匆匆念完提问清单，不要让人觉得你只是在执行一项讲求时效、发现事实的任务。这不是进行审问，这是在对话。所以，要提出开放式问题，并听取顾客的回答——不仅要倾听顾客所说的话，还要注意他说话的方式。听完顾客回答后再提出后续问题，这能表明你不仅一直在认真倾听，而且真诚地希望了解顾客以及他的需求。

顾客的需求和难题

判定顾客所处的形势已经成了许多销售人员的习惯，如今，了解顾客的需求和难题也成了相当常见的情形。虽然大多数销售人员在一定程度上了解顾客的需求和难题，但难以达到原本能探究到的深度。

此关注领域之所以极为重要，是因为正是从这里你开始真正了解顾客的需求以及顾客心中最为重要的事项。当你在识别顾客的需求和难题时，你想要发现，他希望得到什么，改进什么，他当前的问题是什么，是哪些因素造成了这些问题。在这个关键领域，你想重点关注：

- 顾客的需求和机会。
- 顾客面临的问题和难题。
- 顾客的行为动机。
- 顾客优先考虑的事项。

你通过合适的提问，为顾客提供了一个机会，让顾客能说明他的状况，或许还会倾诉一些有关当前所处形势的苦衷。这对你也是一个机会，你能借此收集更多优质信息加以利用，从而打造出满足顾客需求和优先考虑事项的解决方案。

在这里，一流销售人员会进一步探究。他们会询问顾客心中的理想状况有何特征，理想的产品或服务有何特征，完美的解决方案需要什么。

优秀的销售人员经常询问顾客的需求、机会以及面临的问题和难题——这通常是以顾客为中心的销售方法的构成部分。但一流销售人员会询问顾客，为什么此刻探讨新的选择对他很重要，从而收集更多的信息。一流销售人员会问此类问题："是什么使得您今天和我们一起探讨其他选择呢？""您能否让我们了解一下为什么这对您及您的团队很重要？"他们还利用交谈来了解顾客的当务之急。他们会询问此类开放式问题："在您提到的您所关心的问题中，哪些对您是最重要的？""在我们今天讨论的所有话题中，对你最重要的是什么？"

通过询问顾客是什么在驱使他做出决定，你可以收集到额外的信息。这些信息能让你以独特的专门为顾客量身打造的方式向顾客介绍你的产品或服务。

相关人员和人物关系

销售讲究的是和顾客建立持久的关系，顾客视你为受信赖的顾问。在发现阶段，你必须尽可能找出购买决定所涉及的相关人员及人物关系的所有信息。研究表明，顾客购买行为的最大变化之一就是，购买决策过程中所涉及的人比以往更多。因此，专注于相关人员和人物关系比以往更为重要。

一流销售人员会找出联络人及其团队的关键信息，例如，销售进程所涉及的人员有哪些，这些人各自的角色是什么，以及必须考虑哪些个人需求。为了做到这一点，他们提出了此类问题，例如，“您认为谁是您公司最有力的倡导者？他是如何影响购买决定的？”“在您公司里，谁对购买决定的影响最大？”“您认为谁将需要额外时间和精力来支持购买决定？”

你对影响顾客的人员及人物关系的了解程度将取决于多种因素，其中包括销售的复杂性、顾客公司的结构、购买决定所涉及的个人等。这里的关键是，重点关注会影响销售的交流互动和人物关系。

购买过程

正如同你必须思考影响销售的相关人员和人物关系一样，你也必须思考顾客的购买过程。尽可能多找出购买周期中各个阶段的有关信息，以及顾客决策过程、预算、时间安排和订货交付时间等相关信息。你不仅要关注购买过程中你所参与的这部分，而且要关注顾客的整个购买过程。你应该提出与以下内容有关的问题，即顾客下订单的频率、顾客公司的决策过程是什么样的、顾客的公司通常多久更新一次存货、采购在购买决策中可能发挥什么作用。这些问题可以既简单，又直接。例如，“你们多久补充一次库存？”“在购买过程的哪个阶段会涉及采购？”“在做出决定以前，您需要采取哪些额外的措施？”

通过了解顾客和顾客的公司通常的运作方式，你更有可能确保你能在合适的时间以合适的方式参与其中，从而在顾客的决策过程中为他提供最好的帮助。

可选择的产品、服务和备选方案

如今顾客比以往更精明、更忙碌。在这样的年代，你可以料想到顾客已经做了一番研究，他正在考虑的其他供应商可能至少有一家。你可以假定顾客目前正在考察几种可选择的产品、服务和备选方案，然后询问顾客这些可选择的产品、服务和备选方案是什么。不要害怕询问顾客正在考虑的具体备选产品或服务，以及在此关键时刻顾客更倾向于哪一个。询问顾客正在调查哪几家其他公司，以及顾客如何看待这种竞争状况。询问顾客关于那些可能满足其需求的备选产品或服务，他喜欢哪些方面，不喜欢哪些方面。你必须确保提此类开放式问题。例如，“您研究的备选产品或服务有哪些？”“在您所探究的备选产品或服务中，您目前觉得哪一个最有吸引力？”“在您目前的备选产品或服务中，您觉得最有吸引力的方面是什么？”

对于顾客正在考虑的备选产品或服务，提一些有针对性的问题，能使你深入了解你如何能最好地为顾客量身打造解决方案以满足顾客的需求。当你盼望以不同于竞争对手的方式来展示你的解决方案时，它能为你提供了解顾客对竞争对手的看法的渠道，这些都是有用的信息。

影响

除了要了解顾客的需求、当务之急以及备选的产品或服务之外，你还要弄清楚该购买决定将对他和他的公司造成什么影响。顾客购买产品从来都不是只为了增加该产品的数量——销售人员销售产品也永远都不应该只是为了把更多产品卖到顾客手中。

一流销售人员明白，询问购买决定带来的影响有助于顾客考虑采取行动或听之任之将产生或可能产生什么样的后果。他们知道如何提出与改变的益处以及维持现状的后果有关的问题。他们和顾客一起讨论，如果新产品提高了效率，或者使供应链更加牢固，那么将会产生何种影响。他们问顾客追求何种投资回报率，以及顾客的公司将如何衡量投资回报率。

在这个重要的关注领域提出问题并发现信息听起来可能类似于："在生产周期里，如果产品的不合格率下降了百分之三，那么对毛利将造成什么影响？""如果你们因为这个技术丢掉市场领导者的位置，那么对达到你们的季度目标将造成什么影响？"

判定购买决定对顾客及顾客公司的影响是一项关键技能，能够把一流销售人员与其他人真正区分开来。和顾客谈起这个话题有很多相关益处。在这些关注领域提出问题并倾听顾客的回答，你更有可能帮助顾客清楚地看到你的解决方案的价值。

在合适的时间以合适的方式提出合适的问题，就了解顾客并和顾客建立长期关系而言，能让你有更多的收获。但不能只是提出问题，你还必须倾听顾客的回答。你必须听明白顾客所说的话。

■ 积极倾听，听懂顾客的话

倾听说起来容易做起来难。积极倾听很重要，其作用超出了大多数人的想象。对于销售人员而言，这是一项关键的技能。事实上，研究表明，"倾听或许是销售人员所能拥有的重要的技能之一"。

倾听不仅仅要听到顾客嘴里说出的话，并非只需要使用耳朵。倾听是一项思考活动，要求你理解所听到的内容，并思考后续问题，这样你就能确保明白了顾客之所说，以及顾客之所想。

你得承认，有时顾客所说的话是言不由衷的。并非因为她故意要闪烁其词，而是因为有效沟通并不容易。因此，为了破译顾客和你分享的言语的及非言语的信息，你必须全身心地参与交谈。

事实上，研究表明，“倾听最有效的层次将共鸣和积极倾听的技巧结合在一起”。此外，人们发现，顾客对销售人员倾听品质的看法，与顾客对销售人员的信任度、满意度，以及他们和销售人员进一步做生意的意愿有积极的联系。

我们的研究确认了积极倾听的重要性。顾客想知道，你正在听她说话，并且你听到了她所说的话。顾客还想知道，你在专心致志地听，并且她想看到，你在积极参与对话。如果你看起来并未积极参与，那么你就会面临失去信任、导致沟通渠道关闭的风险。事实上，“一项对于工业品销售人员的研究发现，销售人员未能成功的最重要原因之一是没有认真倾听”。

和没有认真倾听后果同样严重的是顾客认为你没有认真倾听。当你和顾客交谈时，要保持和顾客的目光接触，认可她正在分享信息。当顾客正在讲话时，你切不可只顾埋头做笔记。要确保消除一切潜在干扰因素，其中包括把手机静音，以及其他任何可能使你分心的事物。在销售进程中，小细节也可能使事情变得大不一样。你必须向顾客表明，你在积极参与谈话。

普赖尔教授和马尔希教授最近的研究证实了这一点，“并非所有的倾听都是平等的”。他们这样写道，“顾客不仅想要证实销售人员已经听到并理解了他们的话，而且想证实销售人员对顾客真正感兴趣。销售人员只需向顾客示意，他们不仅明白了顾客的需求，而且顾客的需求对他们很重要，这样，他们就有了增进和顾客之间关系的机会”。

这一点说起来容易做起来难。但这里有一个过程，它有助于确保你避免认为自己没有倾听，没有对所听到的内容（或没有听到的内容）做设想，你有选择性地倾听，只是听取你想听到的信息。图 5.2 说明了这一过程。

图 5.2　积极倾听的四个步骤

积极倾听要求你不仅倾听顾客的言辞或重要短语，而且要倾听顾客说话的内容、含义和感受。这意味着你需要专注顾客的声音音质和身体语言。这要求你留意顾客的言辞和措辞，总结顾客说过的话，并证实你确实听到了她所说的话。听到顾客所说的话只是倾听的部分内容。事实上，积极倾听包含的内容很多。让我们一起来看看这个过程。

倾听内容、含义和感受

谈到倾听顾客讲话，潜台词和语境是关键因素。这意味着，你必须倾听顾客讲话的内容、含义和感受。你必须注意顾客讲述的字面意思和实际意思，顾客所传递信息的意义或意图，以及顾客话语背后的感受或情绪。认真倾听顾客讲话的销售人员能更快更准确地了解顾客的需求。

倾听顾客讲话的内容、含义和感受通常意味着你必须放慢节奏。对话时不要仓促行事，不要想当然地认为你知道顾客将要说什么，或者她接下来要说什么。在听顾客讲话时，很容易过滤掉你所听到的部分内容，只听取那些能帮你证明你的观点的主要术语或短语。你切不可这样做。卓越的倾听者不会臆断顾客将要说的话。他们能够放慢速度，倾听顾客正在说的话（以及没有说出口的话），关注顾客讲话的内容、含义和感受。

当然，倾听不仅要听取顾客所说的话，还要听出话语背后的含义及感受。言辞有其意义，但顾客说话的方式能更全面地表达她的意思。另外，顾客一再重复的话也很重要。

在积极听取顾客谈话的内容、含义和感受时，你不仅能觉察出顾客和你直接讨论的显性需求，而且能了解其他话题。那些话题或许能为你提供一个出类拔萃的机会。你可以借此机会向顾客表明，你花费了时间，做出了努力，来认真倾听什么对她很重要。

识别声音音质和身体语言

优秀销售人员和一流销售人员之间的主要区别之一是通过顾客的声音音质和身体语言来识别顾客的所思所想、顾客的感受或顾客所表达的意思的能力。一流销售人员熟悉顾客在整个谈话过程中的言语和非言语信号，能够捕捉到重要的相关信号，进一步了解顾客的需求和当务之急。

顾客的声音音质包括语调、强调、转调和语速。这也意味着有更微妙的信号，如叹息或长时间的停顿。身体语言则包括手势、面部表情和其他非言语行为。不要想当然地认为你知道这些言语和非言语信号的含义。你应该把它们视为进一步了解顾客的线索。

例如，当顾客开始谈论她的供应链和其中她需要克服的困难时，你可能会注意到她的语调和面部表情变得更加严肃。你可能会说："看起来这对您确实重要。要克服您供应链中的困难，您需要些什么？您能再多提供些信息吗？"

想当然地认为你知道顾客的所思所想或感受从来都是不靠谱的。但可以肯定的是，你完全可以询问顾客的所思所想和感受。不要害怕根据顾客的言语和身体语言信号采取适当的行动，这样做可以进一步为你提供机会，让你更深入地了解顾客的需求和当务之急。例如，顾客双臂交叉放在胸前或跷二郎腿，那么销售人员很容易认为该顾客不易接受新事物，或者生气了，或者感到沮丧。而事实上可能只是她感到比较冷，希望你把暖气调高一些（确实如此，不是打比喻）。

身体语言有多种形式，如目光接触、点头、耸肩、微笑、坐立的姿势等。例如，如果顾客不停地用笔敲打桌面，那么你一定得留意。在谈话的间隙，你要找个合适的机会问一下。你稍作提醒，比如问"我们还算准时吧"，或许就能处理好顾客看起来似乎不耐烦的问题。

记住顾客的言辞

我们探讨积极倾听的过程，就得谈论记住并重复顾客言辞的重要性。当你和顾客交谈时，你应该听取顾客反复提到的言辞、术语和关键短语。你要注意顾客在描述其需求和公司时所使用的行话，要留意她讲话时突然冒出的行话。她运用那些言辞（那些特定的言辞）是有原因的。

顾客的言辞指那些顾客不断用来描述其需求、问题或难题的言辞、术语和短语。顾客重复运用这些言辞（可能是下意识的），那是在向你传达它们的重要性。顾客这么做，是在告诉你他的需求和当务之急。

要想从竞争对手中脱颖而出，有一个较容易的方法，那就是，留意这些言辞，牢记它们，并在交谈中使用这些言辞。实施这种行为是你制定解决方案的强有力的方法，这能向顾客证明，你听了且听到了她所说的话，她所说的话对你很重要。记住并重复顾客的话能证明，你了解她所处的形势、需求和当务之急。这对你与顾客建立融洽关系大有帮助，而这种融洽关系则有助于顾客视你为值得信赖的顾问。

如果顾客告诉你，她需要你保证能提供灵活的解决方案，该解决方案将在长时期内加快其公司的发展，那么你的答复要明确。不要换另一种方式来回答这个问题，不要告诉她你能够提供一个简单的将加快其公司发展的解决方案。你要运用她的措辞来回答："我可以向您保证这一点，是的，我们可以提供灵活的解决方案，该解决方案将在长时期内加快您公司的发展。"

不要使用同义词。不要用更花哨或更简单的方式来重复她的请求。要记住并重复她的言辞。通过这样的行为，你能向她证明，运用她的措辞来和她交流对你很重要。

总结和确认

另一个表明你积极聆听的方式是对你们所讨论的话题进行总结和确认。进行总结和确认可以向顾客证明，你已经听清楚他的话，并了解他的需求和当务之急。

在关键时刻，你要快速总结你所听到的内容，并进行确认。例如，你可能会说："据我所知，您正在寻找产品 X 的实施详情，并重点关注时间安排。对吗？”在这次交谈中，你已经做了总结和确认——这是两个关键要素，对于进入销售进程的下一步至关重要。

我们的研究表明，有太多的销售人员都省略了这一步。通常是因为他们想避免给顾客留下这样的印象，即，他们没有听，或没有集中注意力，或他们不理解。有时，他们没有进行总结和确认，是因为他们认为这是在浪费时间。但实际上，这种观念是不对的。当你重复顾客的言辞、确认顾客所说过的话时，要想听起来不像鹦鹉学舌，你就得清楚表明，对话是建立在双方理解的基础上的双向交流。

对顾客的讲话内容进行总结和确认是积极倾听过程中的关键步骤。听取顾客讲话的内容、含义和感受，识别顾客的声音音质和身体语言，记住顾客的言辞，能为积极倾听打下基础。在你进一步了解顾客的需求时，积极倾听大大有利于你和顾客之间的交流。通过积极倾听顾客的讲话，你能深入了解顾客的需求和当务之急。如果你顺利实施这个行为，那么你就能加快销售进程，达成更多交易。

关键时刻 处理早期价格要求

有时不是销售人员在仓促推动销售进程，而是顾客。在很多情况下，顾客的仓促行事表现为早期价格要求。

通常，在销售进程的早期，顾客就开始询问价格——远在你得到机会创建价值、调查顾客的需求或发现最为合适的解决方案之前。

如果你在所属领域并非低价领导者，那么这对你可能是一项特别的挑战。开出最低价的公司可能因为这个优势而抢占先机。但在大多数情况下，各家公司并不是靠价格来打开销路的，他们靠的是其他价值。

通常，在你有机会发现顾客的需求并为其建立起价值之前，你并不想透露价格。但有时，尽管你做出了最大努力，但顾客依然坚持把谈话内容往价格上引导。为了争取时间，你可以采用一些方法来应对早期价格讨论，同时向顾客确保他会获得想要的信息。

- 巧妙延迟讨论价格。延迟讨论价格需要技巧，你不想因为显得含糊其词或表现得好像没有听到该问题而引起顾客的不快。这里的诀窍是转移话题，这样你就可以在谈论定价之前了解更多关于顾客、顾客需求的信息。例如，你可能会说：“我很高兴为您提供定价信息。您知道，对于这项服务，您有多种选择。如果我能再多问您一些问题，这样我就能更好地了解您的需求，我们再根据您的需求做出具体的报价。”
- 给出价格范围。有时顾客的首要需求就是知道价格——他在知道价格前是不会改变主意的。这时你得尊重顾客的要求。我们建议，基于你在发现阶段所收集到的信息，给出一个价格范围。你可能会说类似这样的话：“我们为能向您提供适合每种预算的解决方案感到自豪。较为低端的服务，价格是……较为高端的服务，价格是……我们来谈一谈，基于您的需求，哪种形式的服务更适合您和您的公司。”

如果你的顾客执意继续讨论定价问题，那么你得记住，你的回答永远都是好——“好的，那么……”这样的回答表示肯定，表示你能在大体上解决定价问题，并且你想提出更多问题来进一步了解顾客的需求和当务之急，这样你就能基于他的需求提供精确的定价。

避免易犯的常见错误

了解顾客的需求和当务之急是销售进程中的关键步骤。大量的研究（包括我们自己的和他人的研究）确认了这个事实。提出正确的问题，积极倾听顾客所说的话有助于你打造解决方案，满足顾客需求，加快销售进程，从而达成更多交易。但有时这说起来容易做起来难。在这个过程中，很容易犯错误。因为“发现”是销售进程中的一个关键步骤，所以我们想强调一些易犯的常见失误，并探讨避免这些错误的方法。

不要设想

销售人员最容易掉进的一个陷阱，尤其是那些已经从事销售工作一段时间的销售人员，就是设想自己已经了解顾客在想什么，顾客的需求是什么，顾客的当务之急是什么，顾客想要讨论什么等。我们在前面已经提到了做设想的风险，但是在这里值得再次强调。

通常，销售人员认为，根据顾客所说的某一句话，他们就能知道顾客随后想说的话，或者他们知道顾客心里在想些什么。但你要记住，每一位顾客都是独特的，每种情形也都是独一无二的。销售人员所能做得最糟糕的事情就是进行设想。一旦你开始设想，你就听不进重要的信息。即便顾客所说的话是你之前就预想到的，你也要认真倾听顾客的讲话，因为通过了解他说话的方式以及他没有说出口的话，你很可能对顾客的需求和当务之急有更多了解。即便你认为顾客将要说的话你已经从无数个顾客那里听到过无数次，你也要采取开放的心态，一直认真倾听顾客的讲话。

不要远远抛下顾客

提出正确的问题，积极听取顾客的回答，注意顾客的身体语言，记住顾客的关键言辞和短语，同时在提前思考如何解决顾客的担忧时，分析顾客正在说的话、没有说出口的话，以及其说话的方式——要做到这些并非总是很容易。在交谈的过程中会发生很多事，当你试图想出接下来要说的话时，很容易就分心了。

一边预料顾客接下来要说的话，一边全身心参与和顾客的谈话是很棘手的事。当顾客为你提供信息时，你已经在分析并思考其含义了。这里的诀窍是，放慢速度。你应该利用自己的提问技巧和积极倾听技巧来继续关注顾客和顾客需要谈论的话题。你要记住，如果你认真听取顾客的讲话，那么她将原原本本告诉你，她所需要的是什么。

别打断顾客讲话

我们发现许多销售人员都喜欢打断顾客讲话。当你认为你已经知道顾客接下来要说的话时，你常常会这样做。例如，你想向顾客展示自己有见识，你可能会打断他的话，说：“哦，我完全明白你的意思。你喜欢产品 A 是因为它的效率更高。”

这样操之过急的行为是错误的。尽管你可能只想表现出你和顾客很合拍，或者你确实了解自己的产品，但打断顾客讲话等于剥夺了顾客充分表达意见的机会，也不会为你提供机会去倾听顾客讲话从而深入了解顾客需求。你打断顾客讲话次数越多，他越不可能畅所欲言，越不可能不断地向你提供你所需要的信息。

有时，顾客只是想用言语表达他和公司的需求。让顾客说出自己想要的解决方案，这背后是有一定的心理学原理的。认真听取顾客的讲话，重复顾客的言辞，确认你所听到的内容，这些都是销售进程的关键步骤，不要为了仓促加快进程而打断顾客讲话。

不要放弃“发现”

正如同销售人员很容易就仓促推动销售进程一样，销售人员总想快速从发现阶段过渡到陈述阶段。他们想向顾客表示，他们知道顾客想要什么，他们正好有完全适合顾客的产品。这是错误的行为。这样不仅会给顾客留下不好的印象，即你最关心的事就是向她销售产品，而且难以建立有助于培养持久关系的那种融洽，而持久关系则能提升长时期内的销售量。

提出正确的问题，积极听取顾客的回答，能使你全面了解顾客的需求和当务之急。要想获取优质信息，就别害怕深入挖掘。这样做不仅能证明你对顾客感兴趣，而且有助于磨砺你的表达能力，这样你就能根据顾客的特定需求来打造解决方案。如果你为了尽早介绍解决方案而急匆匆地完成发现阶段，那么常常会导致你对解决方案的介绍出现漏洞，更糟糕的是给出错误的解决方案。

一流销售人员在策划和发现阶段所花费的时间要多于花在解决方案介绍阶段和商定成交阶段的时间。事实上，充分的策划和彻底的发现能带来好的发展势头，这种势头自然会促成解决方案的成功展示和有盈利的交易。

销售进程中发现阶段的重要性再怎么强调都不为过。发现顾客的需求是销售进程中的关键步骤，因为正是这些需求激发了顾客的购买动机，并提供了最终做出购买决定的动力。一流销售人员明白，正是在这个阶段，他们才有了大好机会来继续建立和顾客的融洽关系，了解顾客的需求和当务之急，发现优质信息，从而为顾客量身打造适合的解决方案。要想了解顾客的需求，你必须提出正确的问题，积极听取顾客的回答。这对你成为受信赖的顾问大有帮助——受信赖的顾问真正了解顾客的需求，对解决方案的介绍引人入胜，能加快销售进程，达成更多交易。我们接下来将在第 6 章谈论如何介绍解决方案。

关键销售：所获经验

- 发现有关顾客、顾客所在机构以及顾客需求的信息，是销售进程中的一个关键步骤，你永远都不要仓促行事。一流销售人员通常认为销售进程中的这个阶段最为重要。
- 一流销售人员深入挖掘，发现顾客需求背后的根本原因，并提出有针对性的问题。这些问题能够穿过表面，专注于重点领域。这样他们就能发现有关顾客需求和优先考虑事项的优质信息。
- 你应该效仿高效的采访者，如拉里·金、芭芭拉·沃尔特斯、奥普拉·温弗瑞，学习他们的提问和倾听技巧，这能帮助你掌握发现的艺术，在正确的时间以正确的方式提出正确的问题。
- 发现的过程应该像一个自然的、积极的谈话过程，充满了开放式、封闭式问题。一流销售人员的提问专注于顾客所处的形势、顾客需求和难题、驱动购买决策的相关人员和人物关系、顾客的购买过程、顾客可选择的产品、服务和备选方案，以及购买决定将给顾客和顾客所在机构带来的影响。

- 研究表明，倾听很可能是销售人员所能拥有的最重要的技能。一流销售人员明白，积极倾听顾客讲话不仅意味着只是听到顾客的话，还意味着，既要注意顾客所说的话和没有说出口的话，还要注意顾客说话的方式。
- 一流销售人员听取顾客谈话的内容、含义和感受。他们从顾客的音调、语速和转调中获取线索，他们关注顾客的身体语言，记住并重复顾客的言辞和措辞，对顾客所说过的话进行总结和确认。面对每一位顾客，进行每一次谈话，他们都这么做。
- 提出正确的问题，积极倾听，这通常比看起来要难，并且很容易就犯下错误。一流销售人员努力避免易犯的常见错误，例如，对顾客进行设想，遥遥领先于顾客，仓促推动销售进程，为了尽早展示解决方案而过早舍弃发现阶段。

Critical Selling

第 6 章

陈述顾客需求：联系专属解决方案

通过良好的开场，你已经和顾客建立起良好关系，为积极的销售交流打下基础。你做了必要的研究，深入调查顾客和顾客所在机构。你提出了正确的问题，并认真听取了顾客的回答。你正在建立起信任和信赖，即将成为受信赖的顾问。

到目前为止，一切顺利。

现在该向顾客陈述解决方案了。你向所有最好的顾客都进行过这种引人入胜的陈述，你已经排练过多次，并陈述过多次，对此已经烂熟于心，蒙上眼睛都能做到。总之，这对你而言，是轻而易举的事。

对吗?

答案是：错。

如果这是你陈述解决方案的方法，那么你就失去了一个大好机会。对解决方案的陈述并不是千篇一律的，并不是只强调你自己、你的公司，以及你的产品或服务。实际上，这是你和顾客分享为其专门打造的解决方案的好机会。该方案与顾客的需求挂钩，照顾到顾客的当务之急，满足顾客购买决定目的。你绝不能机械刻板地重复千篇一律的陈述。

重要的是，你得记住，每个顾客都不同。每个顾客购买产品或服务的原因也和顾客本身一样千差万别。因此，你对解决方案的陈述能否为你赢得这笔生意，取决于你的陈述能力，即向顾客陈述你的产品或服务将如何满足顾客独特需求的能力。

在此之前，你花费了大量的功夫来了解顾客，提出问题，积极听取顾客的回答。此刻，不要因为千篇一律的陈述而浪费了你之前所耗费的所有时间和精力。

陈述解决方案是指和顾客分享为其量身打造的专属解决方案，并将你所提供的产品或服务与顾客的特定需求和当务之急紧密联系起来。对此，你并不需要死记硬背。实际上，真正能达到目的方案陈述需要你利用在发现阶段所获得的信息，策划方法，专门打造解决方案，并寻求反馈信息。

利用“发现”的信息

你对解决方案的陈述力度不会大于你之前所收集到的信息的力度。你获取的有关顾客的信息越详细，你的陈述就越有效。事实上，彻底的“发现”不仅能帮你更深入了解顾客，而且能赋予你做出卓越的陈述所必备的信心。

在销售周期的发现阶段提出正确的问题，积极听取顾客的回答，有助于你在顾客的决策过程中对其进行引导，深入思考对其重要的话题，讨论其需求和当务之急，阐明重要的以及不重要的事物。如果你已经帮助顾客仔细思考其需求和当务之急，那么你就能更好地提供见解和想法，更好地陈述为其量身打造的满足其需求的解决方案，因为你知道自己将要说的话会引起顾客的共鸣。

对于方案陈述而言，简洁很重要。一流销售人员明白将产品或服务的特征和益处与顾客的需求和优先考虑事项挂钩的重要性。方案陈述并非要讨论每一个数据、每一项具体规格、每一个特征和每一个益处。这不是要独自对 80 页幻灯片做 20 分钟的讲解，而是要对顾客做一个有针对性的陈述，要表明该解决方案是专门为其量身打造以满足其需求的。

这样就能让顾客认可你的产品或解决方案的价值，你所在机构的价值，以及与你合作而不是与你的竞争对手合作的价值。

对于技术性的产品而言，更是如此。例如，TriZetto 是高知特信息技术公司的一家子公司，该公司为顾客提供世界一流的信息技术解决方案，帮助顾客提供更好的医疗保健服务。他们所提供的服务特点多，又复杂，还尽是技术规格说明。他们公司的销售团队充分了解自己的产品，当他们在宣扬软件解决方案的特点和优势时，很容易变得忘乎所以。但他们更清楚，如果顾客并不在意，那么这也就变得无足轻重了。

解读：陈述要有针对性。最佳销售方案陈述并非没完没了地介绍各种特点，而是和顾客分享对其最重要的信息。一流销售人员懂得如何根据顾客需求来定制方案陈述及其详细程度，以匹配顾客、顾客的交流风格、所分配的时间，以及顾客的需求和当务之急。这意味着，你必须认真思考对每位顾客进行的每一次陈述，你必须对陈述方法进行策划。

■ 策划方法

策划方法没有捷径。销售人员常常寻求各种诀窍、高招或新的技巧，寻找万无一失的方法来缩短销售周期，赢取顾客的这笔生意，进而开始和下一个顾客打交道。但事实是，要想成为一流销售人员，没有任何捷径或诀窍。

要使方案陈述到位有效，没有任何捷径可走。每位顾客都应该听到不同的陈述，因为每位顾客的需求都是独特的。这位顾客与其他所有顾客都不同——她所在的机构不同，她的需求和当务之急也不同。你所陈述的对象很重要，她的需求、当务之急和目标也同样重要。此时，不要因为试图走捷径或为顾客做的方案陈述与其他顾客完全一样而掉链子。实际上，销售人员应该为每位独特的顾客策划一个独特的销售陈述。

试想一下，如果你选择不为每次方案陈述做策划，那么可能出现什么情况。不进行策划，会有什么样的风险或代价？一流销售人员明白，不进行策划将带来诸多风险：

- 你可能忘记提到重要的信息。
- 你可能看不见顾客迫在眉睫的需求。
- 你可能没完没了地谈论顾客并不在意的信息。
- 你可能过度吹嘘自己的解决方案，可能为顾客带来新的问题和忧虑。
- 你可能无法使自己的解决方案从竞争对手的解决方案中崭露头角，或者从顾客正在考虑的其他选择中脱颖而出。
- 你可能没有准备好处理顾客提出的棘手问题或异议。

能把方案陈述搞砸的方式不胜枚举。我们这样说并不是要吓唬或阻止你，而是为了强调为每次陈述做策划的重要性。

当你认真思考该如何做陈述时，回顾一下你在发现阶段所了解到的信息。就进行有效陈述而言，这是极其关键的步骤。看一看顾客的六个重要的关注领域里的相关信息。重点关注顾客一再重复使用的言辞。把顾客的需求列一个清单，然后将它们按优先顺序排列，从最重要的事项开始排序。同时，你要考虑顾客的风格：顾客属于友好、魅力型，还是业务型？远见型，还是谨慎多疑型？

你必须认真思考该如何对方法进行微调，以适应顾客的不同风格。

你要花时间彻底思考，你的解决方案将如何满足顾客的需求，并考虑方案陈述所要求的详细程度。同样重要的是，你还要考虑竞争对手以及顾客正在考虑的其他选择。你的解决方案排在什么地位？你将如何使自己的解决方案脱颖而出？你应该关注哪些关键领域？你还要考虑顾客所在机构的哪些人将会听你陈述。他们各自的需求是什么？他们最关心的是什么，想避免的又是什么？最后，你应该全面考虑可能面对的棘手问题或异议，以及将如何应对。

一流销售人员会考虑所有因素，充分利用他们在销售进程中（从最初的拜访一直到发现阶段）所学到的一切。在这里，你能明白本书是如何构成一个完整框架的：每个阶段都建立在上一个阶段的基础之上。现在，你在每个阶段所收集到的信息、知识和见解都汇集在一起，因此，你能做出最有效的方案陈述，该方案陈述专门为顾客量身打造，能够满足顾客的需求，并赢得这笔生意。

此时没必要仓促行事——这可能需要十分钟，也可能半小时。所需时间的长短将取决于你所提供的解决方案的复杂度。这里关键的一点是，你正在把你收集到的所有信息整合到一起，这样你就能真正思考满足顾客需求的最好方法。你在策划方法时所做的一切都将帮助你为顾客专门打造一个解决方案。

■ 量身打造解决方案

你已经花费时间做了准备，并全面考虑了有关顾客和你将要提供的解决方案的重要信息，接下来的步骤是，领会并利用这些信息对方案陈述进行精心设计。这说起来容易做起来难。根据我们的经验，当一流销售人员把他们的陈述组合到一起时，需要一个可以遵循的框架。

遗憾的是，我们遇到过太多的机构和销售人员，他们通常不能有效地陈述解决方案，无法引顾客共鸣。例如，我们最近和一家全球性包装消费品公司合作。这家公司专注于契约式销售，有 2 000 多名销售人员。当他们和顾客交谈时，陈旧的思想阻碍他们专注于顾客的需求。因此，他们很难收集到能带来互惠互利结果的信息。另外，该公司的销售人员在没有向顾客详细陈述其产品和服务将如何满足顾客需求的情况下，就急于直接跨越到商定成交阶段。从本质上讲，该公司必须设法向顾客表明，他们的销售人员不仅专注于顾客的需求，而且他们所提供的解决方案将支撑顾客的短期和长期商业目标。他们必须学会如何为每位顾客量身打造解决方案，以满足顾客的独特需求。

一流销售人员明白，应该根据每位顾客的特定需求和需要来量身打造推销词，这一点至关重要。他们还知道，既要显示销售进程具有通用性，又要针对每位顾客对方法进行修改，这一点很重要。他们也明白，为顾客量身打造解决方案以及方案陈述，不仅能帮助他们赢得顾客的信任，推动达成交易，而且有助于建立长期持续的工作关系，从而带来更多的生意。

我们已经确认了由三个关键步骤构成的框架，引导销售人员做出引人入胜的陈述：

1．过渡。

2．推荐。

3．联系。

销售人员按照这个顺序采取这三个步骤，有助于做出最有效的陈述。我们将依次对这三个步骤进行探讨。

过渡

你可能在某次谈话结束之前进行方案陈述，或者在和顾客进行一系列讨论之后进行。无论是哪种情况，你都要向顾客示意，你们正在从发现阶段过渡到方案陈述阶段。在发现阶段，你和顾客进行了充分的沟通，双方提出各种问题并给予充分回答。现在，你要向顾客示意，你们正在从确认顾客需求的阶段过渡到信息分享阶段。简单有效的做法是，向顾客表示感谢，感谢顾客所付出的时间，同时问顾客是否想谈论其他问题，接下来，向他表明，你想向他提供与其需求和当务之急有关的信息。

进行过渡很简单，你可以说类似这样的话："史密斯先生，非常感谢您抽出时间来和我们谈论您的目标和对您重要的事项。如果您目前没有其他疑问，我想和您分享一个解决方案，我可以自信地说，这个方案将满足您的需求。"此处的关键是在发现阶段和陈述阶段之间架起一座桥梁，感谢顾客为你提供各种信息，并向顾客示意，你们将进入下一个阶段。

顾客应该对此做好了准备。到了销售进程的这个时刻，对于接下来的步骤，你们应该已经达成共识，步调一致。但是，如果顾客清楚表明，他并未准备好进入陈述阶段，那么在之前的阶段你很可能有些方面没有做到位。你一定要认真倾听顾客的谈话，留意那些可能表示犹豫的信号。如果从一开始到目前为止，你一直都在遵循这些步骤，那么顾客应该为陈述阶段做好了准备。但如果他还没有准备好，那么你要灵活些。你要为他提供机会，让他说出他心中的所有疑问，或者表达任何异议。接下来，你要处理好这些问题，并准备进入陈述阶段。

推荐

在你向顾客说明你们正从发现阶段过渡到陈述阶段之后，是时候推荐为顾客建议的解决方案了。在推荐方案时，语言要简洁，要自信——这是因为，到了此刻，当你向顾客推荐解决方案时，你应该感到十分自在。

在你选择推荐词的关键时刻，你得记住，言辞要具体。要介绍你所推荐的产品或服务，或者多种产品和服务的组合。你要记住，你的推荐也是你身为受信赖的顾问所提供的价值的一部分。接下来，你要先做推荐声明。在做完简洁具体的推荐声明之后，你可以进一步介绍解决方案的特点和优势，以及该方案将如何满足顾客的需求。推荐词要简洁扼要，例如，“基于我们的讨论，我向贵方技术人员和现场代表推荐的是产品 X 的黄金版及专业的服务计划。”

你必须记住，言辞要简洁，只需一两句精心准备的话就够了。你陈述完之后，接下来，你可以花一些时间解释推荐该方案的原因，以及该方案的特点和优势将如何满足顾客的需求。

联系

现在是你进行联系的好时机。进行联系是陈述的主要内容。你把相关内容联系起来，把顾客的需求和你所推荐的解决方案以及方案的特点和优势联系起来。在这个节骨眼上，你必须说明你已经确认顾客的需求，强调解决方案的特点和优势，并解释清楚你的方案将如何满足顾客的需求。

你要记得解决顾客的所有担忧，你对解决方案的陈述方式应该与顾客的优先任务清单相匹配。你回顾一下此前在“策划方法”阶段所进行的讨论，就能明白为什么必须对顾客的六个重点关注领域以及顾客的需求和优先考虑事项进行排序了。你希望将解决方案的特点和优势与顾客的需求和优先考虑事项一一对应地联系起来。

当建立这种联系时，你想向顾客表明，解决方案是如何满足他的每个需求的。你想解释该方案的特点、优势，以及对顾客的潜在结果。你要记得使用顾客的言辞，以便把顾客言语中的各个方面联系起来。你可能会说：“我明白缩短回应时间对您的重要性，这样您的员工就能更快地看到顾客资料。黄金版的几个方面能节省时间，促进与顾客进行更高效的交流沟通。我们一起来看看这几个方面。”

接下来，也就是此刻，你要进入方案陈述的核心部分。你必须对此进行精心策划，应对顾客所告诉你的每一个需求。如果他的首要需求是X，那么你就解释产品如何能满足X；如果他需要Y，那么你就解释产品如何能满足Y；如果他需要Z，那么你就解释产品如何满足Z。你必须处理顾客的每一个需求和优先考虑事项，将顾客的每一个需求都与你的解决方案联系起来。

要想成为受信赖的顾问，达成更多交易，你就得为顾客量身打造解决方案，来满足顾客的需求、优先考虑事项和目标。你要记得将解决方案和顾客的需求联系起来，所陈述的每一点都要有针对性。你应该陈述特定顾客所需要的特定信息，然后认真倾听顾客想要说的话。

关键时刻 陈述时避免易犯的常见错误

陈述需要一些技巧和策略。好消息是，这些技巧是可以学会的；并且通过练习，这些技巧就能成为习性。坏消息是，销售人员把陈述弄砸的方式有多种。了解一些易犯的常见错误，你就能尽力避免因为犯错而丢掉生意。

- 陈述内容不要千篇一律。这一点再怎么强调都不为过。如果你所有的陈述听起来都是一样的，那么这就是一个危险信号。你必须根据在发现阶段所了解到的信息为每位顾客量身打造陈述内容。你在陈述中所提到的特点和优势，以及陈述的详细程度都要针对每位顾客而发生改变。你必须为每位顾客量身打造每次陈述来满足每位顾客的独特需求。如果在发现阶段完成得不错，而接下来做了个千篇一律的陈述，那么就是一个大错误。这种错误会让顾客感到沮丧，惋惜为此花费了时间，同时会使得你越发远离受信赖顾问的身份。
- 要灵活多变。另一个易犯的常见错误是，计划要谈论的内容太固定，有时会出现话题和顾客无关的情况。很多时候，销售人员把自己的喜好排在顾客的需求之前，这是错误的行为。方案陈述首先与顾客有关，如果顾客给你出了一个难题，那么你必须有适应能力，灵活多变，这样你就能把大部分时间用于谈论对顾客重要的事情上。
- 不要提供过多信息。这新的销售环境下，顾客很容易就能找到关于你、你所在机构、你的产品和服务的信息，无论是通过你的同僚、你的网站、社交媒体，还是互联网的任何其他地方。重复顾客能从其他地方轻易找到或读到的信息没有任何意义。顾客希望销售人员能为他们提供量身打造的、能满足他们需求的建议。你的职责就是提供专门知识，而不是成为一个活动的小册子。你的陈述要突出强调解决方案中能直接解决顾客当务之急的优势。

- 要专注于顾客。陈述不应该像演讲，而应该更像你和顾客之间的生动对话。别忘了让顾客参与到你的讨论中。在整个陈述的过程中，要确保为顾客留出提问的时间，也要确保你向顾客提问。你必须灵活多变，让顾客在你陈述的任何时刻都能插话，进行提问。切不可让顾客一直等到你滔滔不绝说完之后才进行提问。因为这样的行为能让你丧失听取顾客意见、获得更好地满足顾客需求的信息的机会。你要为顾客提供发言的机会，要保持对话的畅通，并确保整个陈述都以顾客为中心。
- 别急于推进自己的议事日程。你当然希望顾客购买你的产品或服务。这一点毋庸置疑。但重要的是，做出购买决定是为了满足顾客的需求，而不是为了卖出产品。如果顾客能如愿以偿，那么你应该表现出由衷的高兴。有的销售人员一心只想着卖出产品或服务，有的销售人员则真正关心并乐意帮助顾客，两者之间的差别很明显。
- 别害怕重返“发现之地”。为了完成方案陈述，进入最后商定阶段，你很容易忘记将顾客的需求与为顾客量身打造的解决方案一一联系起来。你一定要关注顾客，发现各种迹象，即表明顾客可能在犹豫、可能不同意你所陈述的方案、可能尚未完全理解方案如何满足其需求的迹象。你别害怕往后退几步，别害怕重返“发现阶段”。为了消除顾客所有的顾虑，你可以随时返回到“发现之地”，提出更多问题。如果有必要，在陈述阶段抽出一些时间重返发现阶段，可以帮助你强化解决方案（后面部分会予以讨论），让顾客更愿意做出购买决定。

- 不要急于推动销售进程。在销售进程的任何阶段，如果顾客尚未准备好，那么你都不要急于推动销售进程。销售人员易犯的一个常见错误是陷入总是在商定成交的过时了的心态，但实际上，总是在商定成交的心态往往会产生适得其反的效果。无论何时你都不要催促顾客，而要留给顾客提问的时间，并倾听顾客的回答，询问顾客的反馈，应对顾客正在考虑的其他选择，和顾客探讨顾客购买或不购买的行为可能带来的后果。
- 不要回避异议或负面的反馈信息。很多时候，销售人员很容易认为顾客提出的异议或负面的反馈信息是针对他个人的。在这个过程中，当他们遇到自认为可能无法克服的障碍后，往往会变得有戒心。但事实是，如果顾客确实有顾虑，那么你得不到任何反馈要比得到负面反馈更为糟糕，因为你至少有了处理负面反馈的机会。要相信你能处理好异议。一流销售人员把顾客的异议看成机会，借着该机会，可以了解更多有关顾客的信息，强化所建议的解决方案，并建立信任。和顾客进行通畅的交谈有助于你进一步向顾客介绍解决方案的优势以及该方案将如何满足顾客的需求。不要回避这样的谈话。

寻求反馈

在你向顾客陈述为其量身打造的基于其需求、优先考虑事项及目标的解决方案后，切不可认为你能鼓掌庆贺陈述结束，并且快速来一句“让我们来签订合同吧”。

确实不能这样做。一流销售人员知道，陈述结束并不意味着讨论结束。他们明白，在方案陈述结束之后，下一步就是向顾客寻求反馈。你要保证对话渠道的畅通，这样你就能确保顾客明白了你刚才所说的话，确保顾客能提出任何问题，确保顾客满意你所提供的解决方案。因此，你必须寻求反馈。

可奇怪的是，有太多的销售人员要么忽视了这个步骤，要么完全错过了。在有些销售人员看来，寻求反馈不是自然的或显而易见的行为。有太多销售人员根本不懂得寻求反馈的价值，所以他们认为，在方案陈述之后，他们应该立即进入下一步。这种想法是不对的。

如果顾客尚未准备好，那么你越催促他，你越可能失去他的信任。催促顾客成交只会让顾客确信你所关心的只是这笔生意。此时，你应该做的是获取顾客对你的建议的反馈，以确保顾客和你的看法一致。通过寻求顾客的反馈，你能向顾客表明，你在意他的观点。这样，你就离成为受信赖顾问的目标越来越近了。

寻求反馈是关键的步骤。“您觉得这个建议听起来怎样？”这么简单的一句询问就能提醒顾客，你们依然在进行双向交谈，你依然想听听他有什么想法，并且他的想法很重要。

事实上，顾客应该感觉你们双方一直都在交谈，甚至在方案陈述阶段也是如此。你的陈述应该让顾客感觉，你们好像在就顾客的需求、优先考虑事项和目标进行积极讨论。令人信服的有效陈述应该是双向的交流，而不是关于你自己、你所在机构、你的产品或服务的独白。不要沉迷于喋喋不休的自言自语，这样只会让顾客感到无聊乏味至极。

寻求反馈是这次交谈的关键部分。如果不寻求反馈，那么你就是假定顾客认可你的解决方案能够满足他的需求，这实际上是在冒风险。当向顾客寻求反馈时，你是为顾客打开了方便之门，让她可以和你分享自己的所思所想：

- 积极反应（如点头、微笑、公开表示同意）实际上能表明现在是进入成交阶段的好时机。
- 中立反应（如茫然的表情、沉默）可能意味着，你需要进一步弄清楚顾客的想法，他对你所建议的解决方案的看法，以及这是否是通过进一步提问来强化解决方案的时机。
- 消极反应（如摇头、封闭式肢体语言、公开表示不同意）则表明，你应该进一步提问，应该把这看作处理异议的机会。

一流销售人员从不害怕寻求反馈。他们把这个关键步骤视为进一步了解顾客、向顾客证明自己并非只是盼着成交生意的拿订单者的机会。

要想征求顾客对于你所建议的解决方案的看法，你就得提出真诚的开放式问题，这就为顾客提供了另一个表达他所有顾虑的机会。

寻求反馈只需要一句简单的提问就能做到，例如："您听了我为您做的介绍，您认为我建议的方案怎样？""我为您介绍了这个方案如何解决您的主要问题，您认为它能满足您的需求吗？""您听了这些介绍之后，觉得这个方案适合您吗？"

提出问题并倾听顾客的回答，给顾客表达意见的机会，鼓励顾客给出真实的反馈，允许顾客畅所欲言。不要强迫顾客同意你的意见。提出开放式问题，从而收集更多信息。你还要记住，负面的反馈也是机会——这是顾客视你为受信赖顾问的另一个机会，另一个不断了解顾客的机会，另一个进一步解释你的解决方案如何满足他的需求的机会。

强化解决方案

当你向顾客陈述时，顾客的需求和你的解决方案必须是陈述的核心内容。但你可以利用一些策略来强化陈述的效果，把陈述提升一个层次。这些策略包括利用社会认同、应对顾客的其他选择、告知后果。

利用社会认同

社会认同是一种心理现象，即人们往往会受到他人行为或决定的影响。这是罗伯特·西奥迪尼博士的"影响力的六大原则"（有时也称"影响力的六大武器"）之一。"影响力的六大原则"确认了企业为其产品或服务获取支持的各种方法。和"口碑营销"一样，"蜂鸣营销"的概念也属于这个范围。广受大众欢迎的网站，如 Angie's List、TripAdvisor 和 Yelp 之所以能够成功，就是因为它们充分利用了社会认同的力量。

从本质上讲，社会认同原理认为，对他人奏效的事物同样对你奏效。在顾客身上利用社会认同能给予顾客信心，因为社会认同能向顾客证明，其他有类似需求的人在使用了你所推荐的解决方案后获得了成功。社会认同由传闻证据、数据、统计资料、案例研究和真实例子构成。

和顾客分享社会认同能增加顾客的舒适度，很重要的一点就是，因为这可以向顾客表明，数量多意味着安全，尤其是当你提供的证据表明，类似性质的顾客对你的产品或服务很满意。社会认同能使顾客对自己的购买决定更有信心，这是你向顾客介绍产品或服务优势的好时机。

例如，当你利用社会认同时，你可以说："在过去六个月里，有 500 名顾客选择了我们的 X 产品的黄金版及专业服务计划，因为他们知道该产品有更好的性能，能降低长期持有成本。我们成功地为他们提供了支持，满足了他们的需求。""5 000 家有限责任公司中超过 85%的公司选择了产品 X 的黄金版及专业服务计划来满足他们的业务需求，因为他们知道该产品能为他们的技术人员和区域代表节省很多时间。"

把产品或服务的优势和数据匹配起来就是一记强有力的组合拳，有助于增强顾客对你所提供的解决方案的信心。利用社会认同使你在强化解决方案的同时能轻柔但有效地引导顾客做出购买决定。

应对顾客的其他选择

除了利用社会认同之外，另一个强化解决方案的方法是应对顾客的其他选择。如果在某个时刻，你得知顾客在考虑甚至倾向于其他选择（你的竞争对手）时，那么你得勇往直前，应对其他选择。

不要回避和顾客谈论其他选择。不要假装你的解决方案是顾客唯一的选择，尤其是如果顾客已经讲明，他正在考虑其他选择。最好开诚布公地和顾客谈论这个话题。一流销售人员把这视为机会，借此向顾客表明他们愿意了解顾客正在考虑的所有选择。此外，他们找到和顾客谈论其他选择的有效方式，帮助顾客做出最佳选择。

你要记住，身为销售人员，做对顾客最有益的事是你能做到的最好的事。公平对待顾客，承认顾客正在考虑其他选择，和顾客一起讨论这些选择。你要持积极的态度，帮助顾客了解各个选择的优劣之处，然后强调你在哪些方面能更好地满足顾客的需求，尤其是顾客的当务之急。

例如，你在应对顾客的其他选择时，可能会这样说："看来您似乎在考虑某某公司产品 Y 的青铜版。他们在那个领域确实有一些优势，能够帮助公司满足顾客的期望。您之前告诉过我，对您而言，最重要的是购买优质产品，同时降低整个持有成本。我们的产品更专注于这两点，能够降低长期持有成本，同时能保证品质。"

直接应对顾客的其他选择有助于你赢得顾客的信任。当顾客看到你愿意公开讨论可能让你丢掉生意的话题时，他们会这样想："我可以相信这个人。"这种行为非常有力量。

当你应对顾客正在考虑的各种选择时，从长远来看，你的情况总会变得更好。无论如何，顾客已经在考虑了，所以，最好勇往直前，应对这个话题。你要询问顾客喜欢其他选择的哪些方面，问顾客你的解决方案与其他选择各自的优劣之处。接下来，你要利用顾客的反馈来介绍你的产品或服务的特点和优势，并向顾客表明，顾客选择你和你的公司的价值何在。你要记住，即便你最后丢掉了这笔生意，但你已经在顾客的心中建立了好印象。顾客会认为，你并非一心只想达成交易的销售人员，你是值得信赖的顾问，在将来，他可以随时向你寻求建议和咨询。顾客只是现在没有接受你的解决方案，但这并不意味着顾客永远都不会接受。

告知后果

利用社会认同及应对顾客的其他选择是强化解决方案的有效方法。另一个强化解决方案的方法是，和顾客谈论如果他们的需求没有得到满足，将会出现什么样的后果。一流销售人员知道，和顾客谈论采取行动和不采取行动的后果有多重要。他们会想方设法和顾客讨论拒绝他们所建议的解决方案会带来何种潜在后果。

正如同任何行动都会伴随着风险，不采取任何行动也存在着风险。身为销售人员，你很容易就想到采取某个行动所带来的好处。你的职责包括向顾客说明，如果顾客延缓做出决定或拒绝所建议的解决方案会带来哪些风险。这可能会有点棘手。

谈论后果需要一点策略。你不能催促顾客，也不能和顾客争辩，不能用一系列负面影响来吓唬顾客。当你向顾客表明，如果他拒绝你的方案或延缓做出决定，他可能面临何种后果时，你不能为自己辩解。让顾客认识到相应后果是要让顾客看到事情的另一面，并考虑不采取行动所带来的风险。这是身为顾问所应该采取的行为，顾问能为顾客提供他自己可能考虑不到的有价值的见解。

当你在告知后果时，可能会说：“当您做出最后决定时，您得考虑这些风险。如果您现在不这么做，那么您对于将来，比如，在接下来的六个月里可能发生的情况有什么顾虑吗？”“看来您考察其他选择已经有几个月了。我很高兴能了解您的其他选择，但如果贵公司实施了我们的解决方案，那么就会节省许多成本，这一点您现在就可以想到。如果采用其他选择，那么就可能错失节省这些成本的机会。对此，您有没有什么顾虑呢？”

有些问题可以促使顾客考虑不行动或选择某个竞争对手的产品或服务的后果。当你和一个不明确表态或似乎不愿意做出任何决定的顾客打交道时，提出这些问题尤其有效。但你必须考虑如何传达这个信息。你并不想表现得像个纠缠不休、一心只想着成交的销售人员。你必须以合适的方式让顾客认识到相应后果，让顾客感受到你真正关心他们的需求，你心里牢记着他们的最佳利益。如此一来，你就可以重申你的解决方案与顾客的需求有何关联，如何处理顾客优先考虑的事项，并谈论将对顾客和其公司产生最大影响的主要特点和优势。

关键时刻　陈述有说服力

我们建议过，你应该关注顾客的肢体语言、顾客的言辞和交流风格。你也同样应该认真思考交流和陈述方法。你的言谈及言谈方式要么增加顾客接受你的方案的可能性，要么降低其可能性。要想成为高明的陈述者，需要进行大量练习。专注于以下四个窍门能使你的陈述更具说服力。

- 将解决方案与顾客的价值观联系起来。你要认真思考顾客最珍视的事物，把方案的特点和优势与顾客的价值观联系起来。激励顾客采取行动的正是顾客最珍视的事物。尽管介绍旨在突出特点和优势的解决方案是你陈述的关键内容，但你要记住，激励顾客的是顾客自己的价值观。顾客所珍视的事物和激励顾客的事物是个人所特有的，每个人都是如此。你要仔细思考顾客一再强调的话题、言辞、术语和短语，确保将你的解决方案与顾客所关心的事物联系起来。

- 充分利用声音音质。你的声音音调的变化、强调、语气、语速和音量大小，所有这一切都会向顾客传递信息。要确保你的说话方式与你想说的内容一致。说话语调要温暖，言谈要有力（记得根据顾客的风格调整自己的风格）。你要向顾客传递你对自己的产品或服务以及自己公司的热情和兴趣。
- 有效运用停顿。有策略性的停顿能为顾客提供时间和空间，顾客需要这些时间和空间来思考你所讲述的内容。你要有效利用停顿，让顾客完全理解你所分享的信息。如果你想强调某个信息，那么有策略性的停顿有助于顾客吸收该信息。大多数销售人员往往会讲个不停。实际上，我们已经发现，一般的销售人员通常只停顿一两秒钟，就开始重复某句话，或者再次提问，他们根本没有得到顾客的反应。记住，你根本不需要一直没完没了地讲话。不要试图在谈话停顿期间继续讲话。你应该利用停顿，让顾客理解吸收你所说过的话。
- 使用顾客的言辞。我们在第5章讲过，向顾客重复她谈话时所使用的言辞是强有力的手段。有些言辞顾客会一再使用。当向顾客陈述解决方案时，你要使用那些言辞。使用顾客熟悉的言辞能创造一定程度的舒适感。当你使用顾客的言辞时，你就在建立信任感，因为顾客知道你认真听了她的讲话。在这里你要记住，不要使用同义词，因为这样做只会迫使顾客以不熟悉的新方式来理解你所分享的信息。有些同义词尽管意思相似，但往往意味着略有不同的事物，而两者之间细微的区别可能并非顾客所寻求的。此外，不同的人对言语的理解也不一样。使用同义词是有风险的，用同义词进行替换没有任何意义。

好的陈述需要一些策略和层次。关键是要把陈述集中在顾客身上，把解决方案和顾客最看重的事物联系起来，利用声音音质来传递你的自信和热情，有策略地运用停顿，在陈述时重复顾客的言辞。这些举措将帮助你充分利用和顾客的交流时光。

联系解决方案

就进行有效陈述而言，你要记住，联系是强有力的。在进行陈述时，你的目标永远都不应该是为顾客提供尽可能多的信息，讲述大量社会认同实例，没完没了地列举方案的特点和优势，使顾客应接不暇。你所陈述的信息应该是经过精心选择的，最为重要的是，要明确地和顾客的需求联系起来。

联系是关键。你要确认顾客的需求、优先考虑的事项、目标，在陈述时要重点强调那些重要话题——只强调那些重要话题。你不必介绍产品或服务的每个特点、每项优势，尤其是那些和顾客无关的信息。事实上，介绍过多的优势可能会产生适得其反的效果，会促使顾客琢磨是否要花费太多钱去购买具有许多他并不需要或并不关心的特点的产品或服务。过度的宣扬会令顾客产生怀疑，这并不利于顾客视你为值得信赖的顾问或促成生意的成交。

你的陈述应该有重点、有目标，是为顾客量身打造的。你的目标是和顾客进行热烈的、双方积极参与的谈话，谈话围绕顾客的需求进行。有说服力的陈述是双向的交流，是和顾客分享满足其需求的详细的、专门为其量身打造的解决方案。

记住，每时每刻、每个评论都很重要。不要失去自制力，不要沉迷于冗长的陈述，那样的陈述只会让顾客感到厌烦，根本不能激发顾客和你一起前进的兴趣。你要用量身打造的方案来切中要害，向顾客证明你的价值所在。

最有力的陈述专注于顾客，和顾客最为关心的问题联系在一起，是根据顾客的需求专门量身打造的。最有力的陈述能让顾客在离开时有这样的想法："这是满足我们需求的最完美的方案。"有效的陈述应该提供自然的、积极的动力，该动力能够轻柔地引导顾客做出购买决定。如果陈述成功，那么陈述就成了连接发现和商定成交的有效桥梁。我们将在第 7 章讨论商定成交。

关键销售：所获经验

- 一流销售人员对解决方案的陈述从来都不是千篇一律的。他们知道，有效的陈述要利用在发现阶段所获得的信息，陈述方法要经过策划，所陈述的方案经过专门精心量身打造以满足顾客的需求。

- 一流销售人员懂得，临时即兴发挥进行陈述远比为每位顾客精心策划打造独特的陈述的风险大得多。不进行策划的风险远远超过了进行策划所付出的代价（如时间、精力、资源），可能会导致误解和其他意想不到的后果。
- 对精心量身打造的方案进行陈述，要求销售人员遵循由三个关键步骤构成的框架：过渡、推荐、联系。
- 寻求反馈是每次陈述的关键部分。你必须记住，在陈述时要把顾客考虑在内，在交流的不同阶段都要询问顾客对于你所提供的解决方案的看法。在陈述时要为顾客提供发言的机会，这对建立信任感大有帮助。
- 利用社会认同、应对顾客的其他选择、告知后果是强化你所推荐方案的有效方法。这些方法有助于增强顾客对购买决定的信心，并增强对你这个受信赖顾问的信心。
- 一流销售人员明白将解决方案和顾客的特定需求联系起来的重要性。方案陈述要尊重顾客的时间，所提供的信息要目标明确，只针对顾客的需求和优先考虑的事项，能为顾客提供发表反馈意见的机会。这样的陈述能让顾客产生这种想法：“这正是我所需要的解决方案。”

Critical Selling

第 7 章

商定成交时利用动力：获取顾客的信任

商定成交应该是销售进程中的自然组成部分，它应该利用你一直以来所建立起来的动力。商定成交不是策划的手段、蹩脚的战术，或者粗鄙的花招，也不是一个操纵顾客或者哄骗顾客认同你的方案的机会。但奇怪的是，我们发现，有太多的销售人员依然在使用在当今销售环境下不再奏效的陈旧的成交方法。这些销售人员依然认为本·富兰克林成交法（也称平衡表成交法）、选择成交法及同情成交法是切实可行的方法。

这种观点是错误的。

按照利与弊格式把一系列赞同理由和反对理由汇集在一起，根本不可能促进交易的达成，或者为你赢得受信赖顾问的身份。以你需要完成销售配额或这笔特别的交易能为你赢得一大笔奖金，或者你需要养家糊口为由，催促顾客签下订单，不会帮助你和顾客建立持久关系，并在将来为你赢得更多的交易。

遗憾的是，此类的成交方法比我们所想象的要受欢迎得多。或许你在过去也使用过此类方法，这一点并不令人吃惊。多年来，销售经理和培训师都在向销售人员传授这些方法，把这些方法当成获取交易的制胜法。但现如今，这些方法是最不靠谱的。

事实上，无论是本·富兰克林成交法、选择成交法，还是同情成交法，抑或是道歉成交法、从摇篮到坟墓成交法、小狗成交法、剥夺成交法，或是任何其他方法（此类方法不胜枚举），只是一些花招而已。就商定成交而言，花招根本不会起作用。这不是《拜金一族》里的剧情。

在当今世界，商定成交可以归结为两点：何时成交以及如何最有效地成交。正因如此，这需要科学和艺术的均衡组合：有自信而不骄傲自大，有说服力而不咄咄逼人。我们的研究表明，就商定交易而言，一流销售人员能够保持那种平衡，他们通过完全遵循关键销售框架并识别购买信号，来利用销售进程中的自然动力。他们知道如何帮助消费者从对所讲述的解决方案感兴趣前进到做出购买承诺。

你应该知道何时是商定成交的好时机：你已经了解顾客的需求，向顾客陈述了解决方案，寻求了反馈信息。现在，是向前迈进一步的时候了。我们已经确认赢得成交的四个关键步骤。

- 总结已经完成的工作。
- 获取购买承诺。
- 明确接下来的步骤。
- 和顾客进行确认。

从本质上讲，这是你希望利用销售拜访的动力的时候。你满怀自信地要求顾客做出购买承诺，因为你知道他受到了激励，赞同你所讲述的解决方案。你还想让成交切实可行，这样顾客就会完全明白接下来会发生什么。这四个强有力的步骤不仅能推动成交，而且会使顾客继续视你为受信赖的顾问。

总结已经完成的工作

你已经向顾客陈述了为他量身打造的解决方案，寻求了反馈信息，处理了顾客心中遗留的顾虑。顾客已经表明，他没有任何疑问，他赞同你提供的解决方案。此时，你们应该准备商定成交——并不一定此刻就确定成交，但你要向顾客示意，你们正在往前推进。现在应该概括你和顾客在销售对话过程中已经讨论过的内容。

此时，你应该概括已经和顾客讨论过的主要话题，并快速回顾你们交谈所取得的进展。现在，你想强调顾客最优先考虑的需求，并重述你的解决方案将如何满足那些需求。这些行为不仅有助于提醒顾客你们在一起共同经历的销售历程，而且能给予顾客更多的信心，提醒他你已经听到了他的需求，并根据那些需求专门量身打造了一个独特的解决方案。当你们做出必要的努力达到这一步时，总结你们所做过的事情有助于顾客回忆起你们在一起所进行过的合作。

在做总结时，你可能会说出这样的话，比如："尼克，您知道，我们在过去的三周里探究了贵公司想如何改善供应链的物流。我们一直在讨论那些可以取得策略性进展的关键区域，我们已经证明了产品 X 如何能立即将效率至少提高 25%。"

在做总结时，你可以使用具体的语言，也可以使用更为通用的术语。关键是要确保你和顾客意见一致。这样有助于使顾客确信下一个正确步骤是继续前进。这还有助于减少顾客可能对购买产生的懊悔感，因为他能肯定，在你们所进行的具有建设性、合作性的销售谈话中，你作为受信赖的顾问，已经得到了他的支持。

尽管总结看起来是很自然的事，但实际上，销售人员经常会跳过这个步骤。销售人员常常感觉自己似乎已经完成了这个步骤，尤其是如果他们在销售进程的陈述阶段已经询问过反馈信息。但是，如果你没有进行总结，那么你就不能为顾客提供向前迈进所需要的最后一点信心。你没有为顾客提供额外的机会，让他来考虑为了达到这个时刻所付出的所有劳动、时间和努力。你也没有为顾客提供机会，让他得出现在应该向前迈进的结论。

进行总结又提供了一个关键时刻。在这个时刻，顾客能对你所建议的解决方案抱有绝对的信心。这给了他时间来巩固和你签约的决心。在销售周期长的复杂销售中或涉及很多人的销售拜访中，这么做尤为重要。你要总结的范围（意义、概括的深入程度）取决于该销售拜访已有的复杂程度。但无论拜访是简单还是复杂，总结都是商定成交阶段的一个关键步骤。

关键时刻　找到“金发姑娘”时刻

就商定成交而言，时机就是一切。和销售周期中的许多其他事物一样，识别何时商定成交很关键，这是艺术和科学的平衡。有经验的销售人员常常根据直觉以及从顾客身上发出的信号来判断最佳时机。但一流销售人员明白，懂得何时商定成交和销售进程密切相关：如果你已经确认顾客的需求，已经陈述了满足顾客需求的解决方案，并和顾客进行了确认，那么现在就是前进一步商定成交的时机。如果你已经遵循了销售进程，商定成交理应是自然而然的事情。但是，如果你感觉不确定，那么可能是时机不对。

时机不对是有风险的。过早商定成交与太迟商定成交一样糟糕（或更糟糕）。

- 不要“总是在商定成交”。正如我们之前所说的，这种老掉牙的格言既过时又荒谬，最容易让你失去可信度，损坏你和顾客建立起来的信任的方式之一就是过早商定成交。过早商定成交有很多风险。当你仓促商定成交时，顾客可能把你视为一心只想着签订合同的销售人员。这样就会给顾客留下不好的印象，即你所关心的只是获得这笔交易。这很容易让顾客感觉，你的目标比他的需求和优先考虑的事项更重要。如果你总是在商定成交，那么你想要返回去并让顾客相信，他的需求确实对你很重要，你想更深入了解他的需求，就会变得很困难（如果不是不可能的话）。过早商定成交会使得赢取顾客的信任并赢取他的生意难度大大增加。

- 不要吹嘘。正如同总是急于成交可能带来毁灭性错误一样，总是不提到成交同样是有害的。有些销售人员只是滔滔不绝地说，大量讲述方案的优势，列举方案的每个特点，仔细琢磨每个技术规格。有些销售人员不断地提问，常常会达到招惹顾客生气的地步，他们之所以这样做，通常是因为唯恐没有涵盖所有的方方面面。还有一些销售人员则一直等着顾客来公开表示已经做好商定成交的准备。你必须相信销售进程。如果你已经实施了良好的开场，对顾客进行了调查研究，了解了他的需求、优先考虑的事项和目标，陈述了为他量身打造的解决方案，那么是时候进入到下面的步骤了。如果你已经寻求了反馈，并和顾客进行了确认，那么你很可能已经到了必须问顾客是否准备好前进的时候了。不要错过这一线机会。一定要表现出对销售进程的信心以及对你自己的信心，并引导顾客走向成交。
- 必须信任销售进程。在过早成交和太晚成交之间，是“金发姑娘”时刻，这正是商定成交的好时机。如果你已经遵循了销售进程，那么这个时机就是对的。如果你已经完全了解了顾客的需求，并且确保顾客明白了你所陈述的解决方案的价值，如果顾客已经确认你的解决方案能满足他的需求，那么现在就是成交的好时机。顾客可能也会表现出积极的购买信号，甚至可能处处为你提供线索表明他想要向前进一步，但关键是要确保解决方案能完全满足顾客的需求。如果你已经完成这个过程，并已进入那个阶段，那么商定成交就自然而然应当是下一步了。

获取购买承诺

从开场到发现再到陈述，到了这个时刻，你已经和顾客一起进行了商议，已经陈述了解决方案，如今是时候提倡顾客采纳你所陈述的方案了。作为受信赖的顾问，你已经和顾客建立起融洽，并取得顾客的信任，这能使得你向顾客请求获得这笔生意。这是关键时刻。

获取顾客前进一步的承诺要通过两个重要的步骤来完成：提倡你的方案，请求前进一步。

提倡你的方案

现在你可以满怀信心地让顾客知道，你向他陈述的独特解决方案能够满足他的需求。你要重申这是合适的解决方案，重申你完全支持该方案。

在提倡所陈述的解决方案时，你要对谈话进行设计，让顾客和你都能够参与其中。讲话时要多用“我们”，少用“我”或“您”。你要强调和顾客一起在努力，你们双方正在进行合作。你要确保顾客看到这对于他及其公司的价值。你可能会这样说：“我们已经讨论了产品 X 将如何立即提升贵公司供应链的效率。贵公司如果采用该方案，那么将朝着改善物流的正确方向迈进巨大一步。我能肯定，我们为您找到了合适的解决方案。”

因为在整个销售进程中，你都采取了正确的措施，并真正了解顾客的需求，所以你已经赢得了提倡解决方案的权利。如果你确实被顾客视为值得信赖的顾问，那么这个陈述就更有力。顾客视你为值得信赖的顾问，想要听取你的建议和观点。他们想知道，你身为这个特定行业的专家，已经仔细探究了他们的需求，并提出了合理的建议。这就给予顾客更多向前进的信心。

请求前进一步

现在绝不是做假设的好时机，也肯定不是假设顾客已经做好前进准备的时机。所以，你必须直接且充满自信地请求顾客做好前进准备。

我们在之前讨论过，要想了解关于顾客的信息、需求以及优先考虑的事项，就必须提出开放式问题。但现在是提出封闭式、是与否的问题的时候了，这类问题是为了做出决定。你不能提“您还有其他疑问吗”之类的问题，这样的提问会带来更多的反馈信息，而不是让顾客做出决定。你应该这样提问，比如，“您今天想将解决方案向前推进一步吗？”“现在您已经做好签单的准备了吗？”

这里的关键是提出问题，不是讲述接下来会发生什么。提出问题能为顾客提供机会确认他同意向前迈进。

明确接下来的步骤

当你以现有动力为基础，继续朝着商定成交前进时，你要明确接下来的步骤，要为顾客概述你们要一起采取哪些步骤来完成交易，你们是否要递交合同、开设采购订单，或者发布理解备忘录。

在这个关键时刻，你必须简洁明了地说明接下来的每一个步骤是什么，那些步骤需要做些什么。当你们讨论完成交易所需要的任何技术问题时，你要予以具体说明。顾客不仅要明白接下来的步骤是什么，还要明白这些步骤看起来如何，这一点至关重要。要确保顾客知道谁在何时应该做什么。你要阐明各自的职责和所有最后期限，这样销售进程中的这个重要部分就不会因为任何疑惑而被拖延。如果这部分被拖延，那么将令顾客感到失望，并破坏成交。

比如，你可能会说："对于接下来的步骤，我将通过邮件把相关文件以 PDF 的格式发送给您。请您仔细审查该文件，在一份文件上签上名，周末之前通过邮件发给我。我会确认是否收到，并予以复签，这样我们下周一早上的第一件事就是成交。"

明确接下来的步骤是很多销售人员忽略的事情之一。销售人员很容易想当然地认为，即便你们之前没有合作过，顾客也知道正确的步骤或者了解该销售进程。但这样做实际上是在碰运气，这可能会引起顾客的困惑，因为顾客可能并不知道接下来谁要做些什么，或者他接下来该怎么做。这可能延缓销售进程，并且可能让顾客感到失望。这两种情况都没有什么好处——对顾客、对你以及你所在机构，这肯定不会帮助你加速完成交易。所以，你身为一心想着顾客最佳利益的顾问，一定要花时间明确告诉他接下来的步骤是什么，这样他就不用对此进行一番琢磨了。

关键时刻 解读信号——要认真仔细

在“总是在商定成交”和“从来不商定成交”之间有一些信号，这些信号能指明自然成交的方向。自然成交要利用在整个销售进程中（从开场到发现再到陈述阶段）所建立起来的动力。

在你从开场前进到成交阶段的过程中，很容易被一些信号所迷惑，会因此认为顾客已经准备好跨越到商定成交阶段。顾客可能说了一些这样的话，导致你认为她已经准备好在订单上签字。

“这听起来好极了！”

“我喜欢我所听到的信息。”

“所有这些听来都不错。”

“这一切完全正确。”

在这里你一定要密切注意。不要认为所有这些评论都能转化为“我接受这个方案！我该在哪里签字呢”。因为顾客可能仅仅只是同意你到目前为止所说的话，或者仅仅表明，你应该继续说明你计划接下来要处理的事情。你应该认为购买信号更像方向信号。这些信号表明，一切进展顺利，顾客喜欢到目前为止她所听到的信息，你正处在正确的轨道上。但他们并未表示，现在是时候成交了，然后收取200美元，并签订合同。

不要仓促推进成交，无论这些信号有多鼓舞人心。不要被你所认为的购买信号冲昏了头脑，然后认为现在是成交的时机。所以，除非顾客公开表示要成交，说：“这正是我所需要的。我们现在签订合约吧。”你应该推动对话的进行，遵循销售进程，当一切都水到渠成时，再进行成交。

和顾客进行确认

在整个销售进程中，我们注意到了征求反馈意见、不要做假设，以及进行确认的重要性。此刻这些策略同样重要。尽管难以抵制仓促推动销售进程的诱惑，但确认顾客明白接下来的情况是至关重要的步骤。

我们有时会看到销售人员省掉这个步骤，通常是因为他们不想在这个最后阶段冒着收到异议的风险。但一流销售人员明白，确认只是为了让顾客同意已经确定了的接下来的步骤——不是要顾客同意成交。你已经通过提倡解决方案和提问对此进行了处理。

接下来，你必须确保顾客完全理解接下来的事项，以及谁该负责什么内容。你要和顾客确认各自的责任、任务和最后期限。这只需提一个简单的问题就能完成，比如：“您觉得接下来的步骤对您有用吗？”“接下来的步骤都合理吗？”抑或只是快速问一句：“您觉得这些步骤听起来怎样？”

商定成交并不是要当着顾客的面催他签订合同。在这个对话过程中，你已经建立起融洽的关系，和顾客进行了合作，赢得了被视为受信赖顾问的权利。这是要在销售进程的每一步都创造价值。这能让你利用积极的动力，该动力能让你从良好的开场一路顺利进展到成交。因为商定成交应该是你和顾客所付出努力的自然结果，顾客应该能确信，你已经为他量身打造了能满足其独特需求的解决方案。

商定成交应该是销售对话中接下来的一个自然步骤。到了销售进程的这个阶段，你已经完成了95%的工作，因此商定成交应该利用你已经造就的动力。

记住，无论是在一次会谈还是在几次会谈中，你和顾客一直进行的对话并非只是为了到达这个阶段从而达成交易。建立融洽的关系、建立信任、和顾客建立联系并非只是为了让顾客在合同上签字成交。所有这些举措是为了你能成为受信赖的顾问，该顾问和顾客一起合作，为顾客及其所在机构赢得最大收益——无论是成交这笔生意，还是下一笔。一流销售人员明白遵循销售进程、解读顾客的购买信号，以及平衡销售科学和艺术的重要性，从而和顾客达成交易。

当然，商定成交并不总会按照我们所希望的方式进行。顾客会不时地提出异议。无论是在成交阶段，还是在更早的阶段，顾客都可能提出异议。如果你从事销售工作，那么面对异议是不可避免的。我们将在第8章中探讨如何处理顾客的异议。

关键销售：所获经验

- 一流销售人员能平衡成交的艺术和科学，利用整个销售拜访——从开场到发现再到陈述阶段——的自然动力，以便把顾客从对解决方案感兴趣推进到承诺接受解决方案。

- 就商定成交而言，时机很重要。一流销售人员能够识别商定成交的合适时机，知道如何确保不会因为过早或过晚而错过这个机会。
- 对到目前为止你在销售进程中所发现的事物进行总结能给予顾客信心，令他相信你的解决方案能够满足他的需求。总结能提醒顾客你们一起所做出的努力，并确认现在是往前进展的好时机。当你从推荐解决方案过渡到提倡解决方案的时候，就是商定成交阶段了。你作为受信赖的顾问，已经赢得了向顾客重申的权利，重申你坚信你所建议的解决方案将满足他的需求。现在是提倡你的方案，向顾客要求达成这笔交易，从而让顾客做出购买承诺的时候了。
- 你必须明确接下来的步骤，这样顾客就能理解谁在何时该做什么，以及接下来将发生什么。在你明确这些步骤之后，和顾客确认他完全理解这些步骤。
- 好交易应该让顾客确信，你们一起合作找到了满足他的需求的完美解决方案，并且他愿意往前进展，达成这笔交易。

Critical Selling

第 8 章

处理异议：重返“发现之地”

就销售而言，异议是销售人员最感兴趣的话题之一。这是因为所有销售人员，无论是终身任职还是行业销售人员，都至少有过一次面对不可克服的异议的经历。他们不能克服异议，也因此丢掉了那笔生意。

这些丢掉的生意会长时间困扰销售人员。他们会反复思考这些丢掉的生意，认为如果他们克服了那个异议，就可以拿下那笔生意。这些丢掉的销售生意成了传奇素材，那些有关和顾客博弈的斗争故事——顾客用异议攻击你，你用解决方案予以还击。他们攻击你，你进行反击。

很多时候，异议能造成顾客和销售人员之间史诗般的战斗——实际上这是没有真正赢家的战斗。但异议从来都不应该变成意志的较量。异议无关乎战斗、战争的艺术，或是你拿得出手的攻击与防御手段。事实上，处理异议应该是指放下对峙，和顾客站到统一立场上。有些销售人员为顾客提供大量信息，用信息来轰炸顾客，想以此克服异议。而实际上，他们难以达成交易，更不用说建立信任了。但一流销售人员明白，处理异议并不是要将顾客耗得筋疲力尽。他们不是以战斗的心态出现，而是首先设法弄明白顾客为什么提出异议，然后花时间去了解顾客的观点，从而努力打造解决方案。

我们明白，对于销售人员而言，处理异议是关键问题。这是销售人员所面对的最棘手的难题之一，也是破坏销售的主要原因之一。但异议并非一定会成为销售的破坏因子。在本章，我们将探讨有哪些异议，为什么会出现异议，销售人员如何为异议做准备，如何减少异议的数量，重要的是，如何处理顾客对你提出的异议。

■ 识别真正的异议

界定什么是异议可能具有一定难度，尽管我们明白，当你听到一个异议时，你可能识别出来。但问题在于有些销售人员在根本没有异议的情况下，也听出了异议。实际上，顾客提出一些简单的问题，只是为了更好地了解你和你的产品或服务，但这些销售人员却从中听出了异议。

让我们先来看看哪些问题不是异议。那些有关你的公司、产品或服务、你的方法、你之前的业绩、你相对于竞争对手的优势和劣势等问题，都不是异议。销售人员不应该从以下这些问题中听出异议。

- 我想知道您的产品将如何满足我的期望?
- 您已经实施了哪些类似的解决方案?
- 您的产品和某某公司的产品相比有哪些优势?
- 您提供哪些服务层次?

异议不属于此类问题。异议并不仅仅是富有挑战性的顾客疑问。事实上，异议是一些如果销售人员处理不当则可能会延缓或终止销售进程的声明。真正的异议听起来应该是这样的：

- 我认为您不符合我们的需要。
- 您所概述的服务层次达不到我们的要求。
- 我不能确定您能履行所做出的承诺。
- 我认为现在还不是采纳您所提出的解决方案的合适时机。

尽管大多数销售人员都害怕异议，但事实却是，异议并不是一件十足的坏事。当顾客提出异议时，你就获得了一个重要的机会来了解他的思想过程以及他的担忧——如果你能正确应对这个时刻的话。你必须发现什么对顾客重要，了解你所建议的方案在哪些地方没有满足顾客的期望，你必须找到相关的细节信息。异议还能表明有哪些领域你没有正确处理，或者当你发掘顾客的需求、价值观和优先考虑的事项时，有哪些领域你未能涉及。事实上，大多数异议都不会凭空产生，而是因为在销售进程中有的事物被忽略了。

明白异议出现的原因

顾客可能以多种方式表达异议，但这些异议通常可以归结为一点：顾客没有明白你所陈述的解决方案的价值。他不明白某个特定提议、产品或服务如何满足他的需求。

出现这种情况的原因各不相同，但通常可以归结为销售人员没有给顾客讲清楚。

我们不愿意这么说，但这是事实。遗憾的是，异议的出现通常是因为销售人员有些事情没有做到位。出现这种情况的原因有多种，其中包括：

- 销售人员未能和顾客建立良好关系，建立起融洽。
- 销售人员在充分了解顾客的需求之前，就陈述了方案的特征和优势。
- 销售人员所陈述的解决方案不能满足顾客的需求。

- 顾客感觉销售人员没有听清楚他的意思。
- 销售人员试图加快销售进程。

尽管我们马上就要讨论如何处理异议，但我们想分享这样一个想法：通过阅读本书，你已经开始处理异议了，可能你还没有意识到这一点。通过实施我们在本书中所讨论的技巧，你将减少来自顾客的异议。这从开场阶段就开始了。设定明确的期望，尽早和顾客建立良好关系，能鼓励顾客敞开心扉，自愿和你分享信息。在发现阶段，为了真正理解顾客的需求，你提出正确的问题，积极倾听顾客的回答，这都为成功打下了基础。一旦你全面了解了顾客的需求，你就能陈述基于顾客需求的有说服力的解决方案。这能为你提供你所需要的动力，使你能满怀自信地提倡解决方案，并从顾客那里获得往前进的许可。你这样做可能就已经解决了一些异议。如果你不这样做，那些异议可能就会出现。这样一来，又加速了销售进程，有助于你达成更多的交易。

当然，那并不意味着你不会碰到任何异议。事实上，如果你没有从顾客那里听到至少一两个异议，也是很奇怪的事情。关键是你要预料到异议，并认真应对。

■ 做好准备，迎接异议

有效处理异议最为重要的一个方面是为迎接异议做好准备。在这里，策划发挥主要的作用。回想一下我们在第 3 章中的讨论，在那里我们探讨了策划重要的原因。再回顾一下我们所介绍过的拜访前策划者表格

（见图 3.2）。就预测顾客的需求、优先考虑的事项、价值观，以及顾客可能提出的异议而言，策划至关重要。如果你对异议做了好准备，并且已经清楚考虑过该如何应对，那么处理起来就要容易得多。

一流销售人员明白这一点，为了做好准备迎接在销售进程中可能出现的异议，他们学着站在顾客的角度来思考。这是一个好举措。所有的销售人员，不论任期或所处的行业，都能够并且应该采取该措施。

你要想一想你的顾客。鉴于顾客所告诉你的需求、优先考虑的事项和目标，问一问你自己，顾客的内心深处可能有哪些挥之不去的异议？价格会不会成为问题？顾客服务问题会如何影响这笔生意？什么样的时间安排、计划安排或最后期限可能让顾客感到犹豫？是否会有送货、运输或物流方面的问题可能为她带来难题？思考一下你之前打过交道的类似顾客，回想他们所提出的异议。你当时是如何处理那些顾客的担忧的？

当你专门花时间来设身处地地为顾客考虑时，你就能更好地预测和处理顾客可能提出的任何异议。

顾客在销售周期的任何时候都可能突然提出异议。不管异议是在商定成交阶段出现还是在销售进程的其他时候出现，关键问题不仅仅是你该何时处理这些异议，还有你该如何处理。事实上，你处理异议的方式会透露许多关于你身为销售人员的信息。在面对接二连三的异议时，很容易感到身心疲乏。许多销售人员在面对异议时，会产生抗拒心理。但实际上，当你处理异议时，你要保持冷静，有礼貌，保持职业精神。做好准备能帮助你做到这一切。

你还要记住，一流销售人员把异议看作好机会。他们不仅为异议做准备，而且立即礼貌地直接处理异议，而不是回避异议或避而不谈。一流销售人员还把异议看作好信号——表明顾客足够信任他们，愿意和他们分享自己的担忧。实际上，顾客向你敞开心扉，告诉你她的异议，这是好事，要胜过闭口不谈。当顾客说出她的担忧时，你就有机会来解决这些担忧。如果顾客保持沉默，你永远不会知道哪些事情你能做得更好或不同。

我们在销售进程的这个领域做了一些研究。我们发现，一流销售人员一直在做一些关键的事情来处理异议。一流销售人员会设身处地替顾客考虑，从而预测可能出现的异议。除此之外，他们还遵循一个过程以特定的方式来处理异议，这样就不会增加抗拒心理，使他们能和顾客一起通力合作，来解决顾客的担忧。他们利用四个能抓住每个异议要害的关键技巧，这样他们就能消除顾客的担忧。这四个技巧分别为同理心、理解、处理和确认。

关键时刻　减少异议和拒绝带来的不快

就销售而言，异议和拒绝是无法避免的。不管你推销的是服务还是产品，无论你从事哪个行业，也无论你面对的是哪种类型的顾客，异议和拒绝都是销售工作的一部分。销售人员听到“不”、“现在不行”、“可能以后吧”，甚至“永远不会”的频率要超出他们的想象。只是，销售工作本就如此。

拒绝容易让人感到灰心，面对异议时容易产生抗拒心理。没有人喜欢收到消极反馈，尤其是在花费了大量时间进行预测之后。但幸运的是，如果你遵循关键销售框架和顾客建立起良好关系，建立起融洽，赢得顾客的信任，那么你面对的异议很可能少得多。但那并不意味着你永远不会遇到任何异议。

一流销售人员知道，处理异议和应对拒绝需要采取积极的心态。事实上，一流销售人员乐于接受异议，因为他们明白，这意味着顾客和他们相处愉快，愿意和他们分享消极反馈；即使对于最强硬的谈判者而言，消极反馈也是难以应付、令人感到不悦的。

在处理异议时，积极的态度至关重要，它很可能决定你努力的结果。你要把每个异议都视为进一步了解顾客的机会。要把异议看作有价值的反馈，这些宝贵的信息能帮助你深入了解顾客的需求、优先考虑的事项和价值观。不要把异议看作障碍或对个人的攻击，而要利用每一个异议，把异议看作了解顾客担忧原因的手段。

这样做会有难度，但切不可认为异议是针对你个人的。往后退一步，放慢速度，必要的时候数到十，然后从顾客的角度来看待异议。你要问顾客他最担忧的问题是什么，最为重要的是，你要敞开心扉，认真听取顾客所说的话，以及没有说出口的话。

异议能提供有价值的信息，让你了解哪些事物对顾客重要。异议还能让你深入了解你的产品或服务在哪些方面可能不如竞争对手。此外，他们甚至可能会告诉你，你没有花足够的时间来了解顾客的主要需求、优先考虑的事项、目标和价值观。

你处理异议的方式能表明很多关于你的信息。当你面对异议时，如果你产生抵触情绪或喜好争辩，如果你认为异议是针对你个人的，如果你无视该问题，那么很可能任何异议都将快速导致顾客最终的拒绝，你将失去这名顾客，并且不仅仅是失去这一桩生意，而是永远失去他。另外，如果你把异议视为更好地了解顾客的机会，那么你就能和顾客一起合作，找到能够减轻忧虑，并最终促成这一笔或可能下一笔生意的解决方案。当你能做到这些时，你就为和顾客建立长久关系打开了方便之门，这在将来有益于你、顾客，以及双方所在的机构。

解决异议

你解决异议的方式能说明很多有关你的信息。我们的研究表明，销售人员处理异议的方式多种多样。最为常见的方式是马上用额外的信息予以反驳，向顾客介绍产品或服务的特征和优势，试图消除顾客的担忧。这不是我们所建议的方法。

销售人员在听到异议时，如果立即向顾客抛出一系列产品或服务的特点和优势，那么该销售人员基本上是在告诉顾客，她全都弄错了，或她误解了什么。结果，顾客很可能三缄其口，或者不理会你接下来说的任何话。她能可能感到失望或产生抗拒心理，这不利于建立融洽的关系或赢得她的信任。销售人员立刻用产品或服务的特点和优势来反驳顾客提出的异议通常只会导致出现异议与优势相对抗的恶性循环。一旦出现这种情况，就降低了消除顾客担忧的可能性。

不要和顾客就异议和优势进行争论，要保持中立，保持耐心。你要尽力缓解可能因异议而起的紧张气氛，并向顾客表明，你把他的需求放在首位。我们的研究表明，一流销售人员在面对异议时，不会变得喜好争辩，而是尽可能表现出平静和自信，避免冲突和混乱，继续让顾客参与到畅所欲言的谈话中来。他们在这样做时，使用了四个关键技巧：

- 同情心。
- 理解。
- 处理。
- 确认。

同理心

同理心蕴含着力量——只要它是出于真心的。真正的同理心能告诉顾客，你听到了她的异议，愿意倾听她的担忧，并且理解她的担忧来自何处。假的、不真诚的或做作的同理心很容易被顾客觉察到，并很容易产生适得其反的效果，从而破坏你努力创建的所有融洽关系、可信度和信任感。

有些销售人员不敢表现出同理心，因为他们担心这会表明他们同意顾客的观点。他们并不想给顾客留下他们赞同顾客的担忧的印象，比如，顾客担心他们所提供的方案过于复杂。但同理心不代表赞同。同理心只是表明，你愿意听取顾客的异议，并考虑她的观点。你在表现出同理心时，不必说：“简，你说得对，产品 X 确实复杂。”实际上，关键在于控制谈话的语气，同时清楚表明，你明白顾客的异议，并尊重她的观点。所以，你可以这样说：“我明白该产品的复杂度是你重点考虑的内容。”这样你就能表现出同理心，而无须赞同她的意见。

在这里谈话的语气和语言本身一样至关重要。这再次表明了这样一个事实，即你说话的方式和你说话的内容都能传递重要的信息。因为在面对异议时，很容易有抗拒心理，所以，你要放慢节奏，缓解弥漫在谈话中的紧张气氛。你要表现出尊重。你要礼貌地表示，你尊重顾客的异议，让顾客知道你愿意倾听她的意见，从而发现异议来自何处。在这里，并不是要告诉顾客，为什么她的异议是毫无根据的或微不足道的，而是要开辟一条通道，发现顾客的异议来自何处。

你要记住，异议很少突然出现。通常每个异议的背后都有重要的原因在推动顾客做出决定。对顾客表现出同理心，你就能把异议转变成机会，深入发掘并发现顾客真正的担忧是什么。

例如，顾客可能对产品交付的时间线提出异议。她可能会说："嗯，产品 X 可能完全满足我们的需求，只是当我们真正需要它时，你们似乎不能及时给我们发货。"

一般的销售人员可能把这视为重述产品特征和优势的好时机，从而重述产品本身可能会满足顾客的需求。但一流销售人员会专门花时间思考顾客的真正意图是什么，并表现出同理心。所以，一流销售人员不会用一系列产品规格和数据来拦截顾客的异议，他们可能这样说："很高兴听您说产品 X 看起来适合您，我明白及时交付产品对于您来说是最重要的事项。"

销售人员在面对顾客提出异议时表现出同理心能让谈话继续进行，而表现出好争辩的一面可能导致谈话的终止。同理心能打开通向理解核心问题之门，这样你就能够妥善解决该问题。

理解

利用产品或服务的特点和优势以及规格和数据来反驳顾客的异议

是自然反应，通常都出于一番好意。销售人员向顾客提供那些可能影响其看法，并可能说服她你所提供的解决方案正好适合她的信息，希望借此来消除异议，这是他们一贯的做法。

但是如果我们未能努力去理解顾客异议背后的原因，那我们就错失了深入了解顾客以及对其重要的事物的机会。如果用各种信息来拦截顾客的异议，那么我们就是冒着对顾客真正的担忧进行假设的风险。当我们进行假设时，很容易匆匆下结论，并笨拙地试图解决该异议。我们这样做，很容易出现处理错误的问题，或不能完全处理顾客的担忧的情况。如果我们不明白究竟是什么在困扰顾客，那么就会出现这种情况。

顾客提出异议的原因可能有多种。但无论他们使用什么样的言辞，真正重要的是异议背后的情绪。顾客可能会说：“产品 X 看来很不错，但时间安排不适合我们。”那到底是什么意思呢？

此时，正确的回应不是用一系列特点和优势来支持你所陈述的方案。你应该找出顾客异议背后的真正原因。你要明白是什么驱使顾客提出异议，这样你就能解决真正的问题。鉴于这些因素，你可能会说：“我明白在合适的时候做出决定很重要。如果您不介意的话，我想请问您，对于时间安排，您有哪些担忧呢？”

像这样的开放式提问能促进进一步的讨论。它能以委婉的方式提醒顾客，你是受信赖的顾问，愿意听取顾客的意见，从而为顾客提供建议。让顾客畅所欲言可能会表明问题并不在于时间安排，而是缺乏人手成功使用新产品。例如，更深入的探索可能表明，顾客目前正在招聘员工，所花费的时间超出了预期。这意味着，她需要更多的时间来实施你所提倡的方案。

你或许能，也或许不能解决顾客的忧虑，消除顾客真正的异议。但如果你不问，你将永远不能明白顾客异议背后的原因。通过对顾客表现出同理心，并力求明白核心问题，你就能努力改变顾客的看法。你可以帮助她说出自己的需求，并解决该异议。只有这样你才有希望解决该问题。

处理

一般的销售人员在没有对顾客表现出同理心或理解异议背后的真正问题的情况下，就直接奔向主题。但如果你尚未明白异议背后的原因，那么你是不可能有效解决该问题的。

受信赖的顾问只在力求明白核心问题到底是什么之后才去设法解决异议。一旦你明白了真正的问题是什么，你就不得不问自己是否能真正解决这个异议，满足顾客的需求。你或许能，或许不能。

如果你能满足顾客需求，那么你应该向顾客解释，你将如何做到这一点。那时将成为强调那些能满足顾客需求的特点和优势的好时机。但你要确保只提那些和特定异议有关的特点和优势。不要因为重述产品或服务的所有规格和数据，而令顾客不知所措。准确解释哪些特点或优势能够解决顾客的异议，为什么这些特点和优势很重要，以及这些特点和优势将如何消除顾客的忧虑。

当然，你或许不能消除某些异议。例如，顾客所要求的发货时间可能不现实，顾客提出的价格你可能无法接受，或者顾客所要求的服务层次你们提供不了。如果出现那样的情况，那么你得承认不能满足顾客的需求——但同样重要的是，你要重建对话，专注于你为顾客量身打造的方案所能满足的那些需求，并仔细查看你未能满足的需求在顾客的优先考虑事项中处于什么地位。

在处理你无法满足的需求时，你要专注于自己能做到的事，而不是你做不到的。你要帮助顾客看清整体情况，强调你所陈述的方案能满足他的其他需求、优先考虑的事项和目标的各种方式。你要和顾客一起探讨他所提异议的重要性。实际上，你可能发现，这是一个有则更好，而非必须具备的问题。

你不要总纠结于自己无法做到的事，也不要过早放弃这笔生意。这需要耐心和技巧。当你和顾客谈论该话题时，要控制自己的情绪。你并不希望对顾客施加压力。事实上，重要的是，你要和顾客讨论该话题，向顾客提问，这样你就能真正明白核心问题是什么，然后再处理异议——向顾客解释你能如何满足其需求，或者重新将谈话的重心转向整体情况。

确认

正如同关键销售框架的其他部分所探讨的，当销售人员在努力解除异议、处理核心问题时，要和顾客确认你们的意见是一致的。想当然地认为你所提供的信息已经减轻了顾客的担忧是一个危险的举动。当你力图弄清楚顾客异议背后的核心问题时，你应该提出开放式问题。但在这里，你应该提出封闭式问题来进行确认。例如，你可能说：“我们已经讨论了如何分阶段大量生产产品 X，请问这能够消除您对于时间安排的担心吗？”提出封闭式问题很重要，因为你希望确保你能得到直接的回复，希望确保你在继续下一步之前，已经完全解决了顾客的疑虑。

如果你得到肯定的答复，那么现在是继续下一步的时候了。但如果顾客依然有一些异议，那么你应该继续向顾客提问。你应该重返“发现之地”，进一步深入挖掘异议背后的问题，并花费时间来处理顾客所有的疑问和担忧。

一旦顾客所有的疑问都得到回答，所有的异议都得到解决，你应该再次向顾客进行确认。你可以这样提问：“既然我们已经找到了替代方案，我想请问您，该方案能消除您的疑虑吗？”这样的提问再次为顾客提供了表示赞同的机会，这样在最后确定购买决策时，你和顾客就能作为合作者一起进入下一步。

当然，异议可能在销售进程的任何阶段出现，不仅限于商定成交阶段。关键是要迅速、直接、有礼貌地彻底对异议进行处理，然后返回到所进展到的阶段。如果顾客在发现阶段说出了她的担忧，那么你应该感激她为你提供了解决其担忧的机会，而不是保持沉默。对顾客进行提问，深入问题的核心，运用你从谈论中所获取的信息来说明你的方案将如何满足她的需求。如果这种做法解除了顾客的担忧，那么你们就可以继续回到在顾客说出担忧之前原本所处的阶段。如果直到你们商定成交时顾客的异议才出现，那么你也要采用同样的方法，运用这四个关键技巧。一旦顾客的忧虑得到解除，那么你们就返回到原来所处的阶段。

你还要记住，顾客有时候提出异议，但又不能完全说明原因。顾客经常有一些甚至连自己都未能完全了解的隐性需求。你应该和顾客一起合作，找出顾客担忧背后的原因。你将注意到，许多异议性质模糊，需要对它们进行探索，才能真正了解顾客的担忧是什么，担忧又来自何处。

当然，也可能你处理了顾客的每一个异议，但依然不能赢得这笔生意——出于多种原因。但是，你要记住，通过遵循关键销售框架，你更有可能达成这笔交易，成交速度更快，遇到的异议更少。此外，你还要记住，销售并非指在这特定的一天与这个特定的顾客进行的这笔特定的交易。你所从事的销售是长期的行为。

你已历经整个销售进程，已经尽己所能和顾客建立良好关系，建立起融洽，并赢得顾客的信任。作为受信赖的顾问，你已经和顾客进行了协商，以求为顾客提供为其量身打造的解决方案，满足顾客的需求——以顾客的最大利益为出发点。你的目标是解决顾客的担忧，继续进入下一步。但如果顾客拒绝进入下一步，那么你要尽你所能保持善意，因为今天的潜在顾客很可能成为明天的顾客。

关键时刻　处理价格异议

在第 5 章，我们对如何处理早期价格请求做了些许探讨。我们当时讨论了如何巧妙地延迟讨论价格问题，以及在努力寻找额外的能帮助你进行讨论价格的信息时，为什么有必要告诉顾客一个价格范围的原因。当然，确实也会出现必须讨论价格且不能延缓的时刻。在那样的时刻，你不得不直接应对价格问题。

谈到商定成交，价格毫无疑问是最大的绊脚石之一。在当今竞争异常激烈的全球市场，精明的顾客知道他们想要什么，通常了解某个产品或服务的价格。处理价格异议可能会很困难，但是有一些关键措施能为销售人员所用，以减轻顾客对价格的担忧。

- 以货比货。价格和顾客所理解的价值是相对的。顾客很可能也在和其他公司的销售人员联系，了解类似的产品或服务。他可能已经做了很多研究来了解你和竞争对手所提供的产品或服务的特点和优势。重要的是，你应该对自己的产品或服务在价值范围中的位置有一个全面的了解，这样你就能轻松地证明你的定价是合理的。不要害怕询问顾客比较的对象是什么：他正在了解哪种产品？竞争对手的服务保证包括哪些内容？他们要求的是为期一年还是更长时间的承诺？你应该和顾客一起探究竞争对手的情况，这样你就能确认顾客是在以货比货，并且他了解你的产品或服务的所有价值。

- 强调价值。有时候顾客只关注价格。他们眼里只有表示价格的数字，他们的购买决定主要受到最关键因素的驱使。在这种情况下，你为了达成交易，可能想马上下调价格。但这并非你唯一的选择。你应该寻找能根据顾客需求增加产品或服务价值的方法。例如，如果你在发现阶段了解到顾客另一个重点考虑的事项是效率，那么你就强调你的产品既能省时，又能加快其所在机构的发展速度。你要向他说明，该产品将在几周或几个月之内证明自己是物有所值的——比任何竞争对手产品的证明速度都要快。讨价还价并非总是你的首选。强调价值可能使顾客相信，你对方案所开出的价格是合理的。你要记住，顾客通常愿意为他们认为更优质的产品或服务花更高的价钱。
- 增加价值。有时候产品或服务的价格包含了顾客可能还未意识到的一些隐性价值。在处理价格异议时，你要考虑增加价值是否能在不下调价格的情况下改变顾客的想法。例如，你可能为顾客提供贵宾身份，该身份能为顾客提供快速跟踪服务或特定的优惠。你可能以增强支持、一对一培训或专门定制的条款的形式来提供额外价值。如果你能为顾客提供某种特殊待遇，令他感觉获得了特别的东西，那么这就成了一个独特的卖点，该卖点很可能使价格不再成为异议。

在处理价格异议时，你要避免立即下调价格而使产品或服务商品化，尤其是如果你们公司并非所属类别的低价格领导者。马上讨价还价很可能给顾客留下你的产品或服务从一开始就要价过高的印象，这可能最终破坏你和他已经建立的信任感。你应该和顾客一起探讨其价格异议背后的真正忧虑是什么。你要记住，价格并非你唯一的协商手段，因此，在确认顾客是在以货比货之后，你应该寻求各种方法来强调价值以及/或者增加价值，这样你的顾客就能看到价格和关键因素之外的其他事物。

保持友善，寻求反馈

销售进程难免受到情绪的干扰。顾客可能感受到来自其组织机构的要求、时间安排、预算等各方面的压力。同样，销售人员也会感受到销售目标和指标、最后期限，以及其他业绩衡量指标的压力。由于受到各方面的利益冲突和个人日程安排的影响，你务必记住，在销售进程中，情绪有时可能压倒逻辑判断力。但这并不表示你就可以因此而抛弃职业素养。

无论顾客何时提出异议，无论顾客以何种语气和声调提出异议，你在表达自己的观点时，都既要彬彬有礼、有职业素养，又要清晰简洁。

无论顾客提出一个还是多个异议，即便她最终完全拒绝购买你的产品或服务，你也要保持友善。你应该记住，在处理异议时，切不可做任何可能损害你和顾客所建立起来的信任感的事情。

尽管你付出了最大努力，对方案的陈述很精彩，并进入了商定成交的最后阶段，但很可能你最终从顾客口中听到的却是具有颠覆性的异议。她可能提出无数个似乎无法解决的异议。她甚至可能表明，她根本不想接受你所建议的解决方案。

在这样的情形下，销售人员极容易产生抗拒心理或把异议看作针对其个人或职业的异议。但是，你要记住给顾客保留好印象的重要性。你要记住，你可能丢掉这笔生意，但你很可能在将来和这位顾客成交其他生意。你处理异议的方式可能影响顾客对你和你公司的看法，这会提升或限制你在将来和顾客进行合作的能力。

如果你用尽了所有机会，而顾客表示交易泡汤了，你一定要向顾客表示感谢，感谢她花费时间和你交流，谈论她的需求，和你分享当初把你们吸引到一起的情形的所有详细信息。你要让她明白，她对你及你的公司有多重要。你要让她知道，无论她提出了什么异议，你都会尽你所能去帮助她。这些行为能提醒她，你们谈话的目的并非只是为了向她销售某个特定产品，而是为了和她交换意见，给她提出建议，希望能在互惠互利的解决方案的基础上进行合作。无论你有多失望，你都没有任何理由去破坏顾客对你的信任、你们共同建立的融洽关系，以及你所赢得的信任。你要尽己所能保持友善。

你还要尽力把拒绝变成学习的机会。要想弄明白为什么你这次没有赢得这笔生意，你需要抽出时间询问反馈。如果顾客最后的态度是拒绝，那么你就要问顾客，她是否愿意告诉你促使她做出这个决定的因素。你要请求她评论你的产品或服务不具备哪些优势，这些因素对她对方案的看法有何影响。你要问她，是否有哪些你做过的或没有做过的事情影响了她的决定。

你要记住，询问反馈绝不应该让顾客感觉你似乎在对她施加压力，或试图使她改变主意。现在不是进行强行推销的时候。你应该保持友善，展望未来。你在这次讨论中所获得的反馈能帮助你和顾客建立长久的富有成效的关系。

没有人喜欢听到否定的反馈。从顾客口中听到“不”不是有趣的事儿。但你不要认为异议是针对你个人的，而要用专业的方法感同身受地处理异议。一流销售人员明白，克服异议要求他们向顾客提出问题，并用心倾听顾客的回答，正如同他们在整个销售对话中所做的那样。

你花时间和顾客一起合作，弄清楚异议背后的原因，你就更有可能保持友好的态度，这种友好态度有助于达成交易。这也有利于你成为受顾客信赖的顾问，确保你成为时刻考虑顾客利益的一流销售人员——那种顾客乐意一再推荐的销售人员。

关键销售：所获经验

- 尽管异议是销售进程中的自然组成部分，但一流销售人员明白，哪些是真正的异议，为什么会有异议出现，以及如何通过有效处理销售进程来减少异议的数量。
- 一流销售人员提前花时间仔细考虑潜在的异议，并简要概述将如何处理这些异议，这样在销售进程中的任何时刻他们都能做好充分准备去处理异议。预测异议并为之进行策划是一流销售人员经常使用的关键技巧。

- 就处理异议和应对拒绝而言，一流销售人员明白，心态很重要。一流销售人员把异议视为进一步深入了解顾客的机会，他们能更好地避免产生抗拒心理或变得争强好胜。他们知道，异议并不是针对个人的，相反，异议是了解顾客，进一步和和顾客建立信任的好机会。
- 一流销售人员运用四个关键技巧——同理心、理解、处理和确认——弄清楚每个异议背后的真正原因。重要的是，你要向顾客表明，你尊重他们提出的异议，并努力寻找能帮助你了解并解决异议的实质问题的信息。一旦你了解了异议的根本原因并确定是否能够解决，以及如何解决，那么你需要确认你和顾客意见一致，这样你们就能够一起共同向前迈进。
- 在销售行业，无论你的能力有多好，你都不可避免地会丢掉一些生意。在那样的情形下，一流销售人员懂得保持友善以及询问反馈的重要性。他们利用这个机会来弄清楚丢掉这笔生意的原因，以及他们下次该如何做以获得更好的结果。

Critical Selling

结论

把各个方面汇集在一起：心态+练习+过程+行动

就销售而言，有许多提升业绩的方法。我们的研究一再表明，我们在这里和你们分享的关键销售框架是销售人员加快销售进程、减少异议数量、达成更多交易的高效方法。各家大小公司的销售人员(从卡迪亚、汇丰银行、飞利浦、康明斯、布罗德里奇、富国银行到高速公路保险公司、Scratch Events、英纳帝斯、美国国家汽车俱乐部、盈飞无限国际有限公司)，以及各种行业(无论是商业和职业服务还是消费品和零售业，抑或是能源和公用事业)在每一次销售交易中都受益于这些关键步骤。

从策划到开场、到发现、到陈述、再到商定成交阶段，一流销售人员明白，每一次面对每一位顾客，实施每一个步骤多么至关重要。他们认为，销售人员需要做出改变，采取积极的心态，调整自身的行为，为的是在竞争激烈、全球化、忙碌的市场中赶上日益精明的顾客的步伐。无论他们拥有多长任期，在过去取得过多少成就，他们都在不断练习，磨砺技能，紧跟培训的步伐。

他们这样做是因为研究表明，在顾客联系销售人员之前，就已经做出部分购买决定。我们之前提到过这一点。有些研究表明，多达94%的买家在购买某种商业产品之前就进行了某种形式的在线调查。此外，有些报告指出，“当前，买家67%的购买过程都是以数字化的方式进行的”，大多数公司管理人员都是通过在线研究容易获得的信息来开始购买旅程的。一流销售人员不断进行练习，因为他们知道，当今顾客已经抢先一步。面对这样的顾客，他们要在更短时间内完成更多任务。

有些人可能把这种现象视为顾客购买行为出现了较大变化。面对这种变化，你必须为了提高销售业绩而练习自身技能，这一点比以往任何时期都更为重要。同样至关重要的是，你应该遵循我们在这里所谈论过的步骤——从开始到结束的所有步骤。有一点我们在前面已经说过，但是值得再次强调，关键销售框架的各个步骤是不能随意选择的。如果你想成为一流销售人员，你必须进行策划，必须和顾客建立良好关系，必须向顾客提问（并倾听回答），必须根据顾客在购买过程中所处的阶段采用相应的对策。此外，或许最为重要的是，你得保持积极心态，愿意改变自身行为，全心投入到销售进程中。

策划每一次销售交流

我们在第 3 章中对策划做了一些探讨，分析了销售人员和顾客进行沟通时（从初次拜访一直到商定成交及成交之后的阶段）提前策划的重要性。如今大多数顾客都已经完成了自己的任务——对你、你的产品或服务、所在机构以及竞争对手的产品或服务进行调查，所以，你要根据顾客的情况做相应的策划，这一点至关重要。如果销售人员没有弄明白这个事实就开始进行推销，那么他们很快就会发现，很难以有意义的方式让顾客参与进来。一流销售人员明白为关键销售框架的每个阶段、和每位顾客的每一次交流进行策划的重要性。

策划不仅仅指在和顾客初次接触之前对其进行调查，尽管这也是销售进程中的重要部分。当然，为开场、发现、方案陈述、商定成交阶段做策划极为重要。对整个关键销售框架而言，策划都是至关重要的。

我们在第 3 章介绍了一个拜访前策划者表格（见图 3.2），很多一流销售人员都认为该表格很有用。无论你是否使用这个表格，不管你是否喜欢它，无论你是否只是在纸上或移动设备上草草记下一些想法，策划都极为重要。你应该记下每次交谈的对象、交流内容、希望达到的目标，以及每次拜访之后如何采取进一步行动等各项内容。

策划中一个极为重要的部分包括设定明确、合适和可衡量的目标。我们已经探讨过，明确、合适、可衡量的目标有助于你确认自己想要达到的目标，这样你就能想到一个有助于你达到目标的方法。设定这样的目标有助于你专注于每一次和顾客的交流，这样你就能明智地运用时间以及顾客的时间，并确保你能处理双方都想讨论的所有重要议题。如果没有进行策划，那么你就极容易失去关注的中心，偏离话题，并且会突然发现你们的销售对话已经偏离了轨道，最后以徒劳而告终。这对你们双方都不利，并且根本不可能建立有助于你成为受信赖顾问的那种信任度。

谈到策划，同样重要的是，你要认真思考如何接近每一位顾客。就初次拜访而言，对潜在顾客及其所在机构和行业做一些研究能让你深入了解顾客，这将有助于你为销售对话做好策划。在随后的交往中，你要认真思考将采用的方法。你需要考虑顾客的风格。顾客是友好、魅力型还是业务型？是远见型还是谨慎多疑型？顾客的风格将如何影响你们之间的交流？你应该基于对顾客最有利的事项，策划你的方法。

随着你和顾客交谈的进展，在你们经历了开场和发现阶段之后，策划将帮助你为关键销售框架的陈述阶段做准备。事实上，此刻策划极为重要。为什么？因为一个精心策划的陈述将有助于你向顾客介绍专门为其量身打造的满足其需求、目标、优先考虑的事项和价值观的解决方案。

我们在第 6 章讨论过，为顾客专门策划个性化的方案陈述至关重要。

顾客不愿意耐着性子听完千篇一律的陈述，因为他们知道（你也知道）每一位顾客听到的都是这样的陈述。策划能帮助你强调产品或解决方案满足顾客独特需求的具体方式。它能确保你讨论要点，准确汇报数据、规格、特点、优势，强调与顾客最相关的信息。另外，临场发挥，即不进行策划，几乎能确定你会忘记讨论关键信息，无论是因为你忘了，还是因为顾客的打断干扰了你，抑或是因为你没有时间。

当然，如果你不对每次销售交流中所学到的经验进行反思，那么所有的策划都不会有成效。我们的研究表明，一流销售人员不仅花时间提前进行策划，还会花时间反思每一次和顾客的交流。在每次销售拜访中，他们都会做笔记，并在事后记下想法。他们这样的行为能为他们带来有用的信息和洞察力，这些信息和洞察力则有助于今后和顾客的进一步交流。策划和反思是良性循环的一部分。没有策划，销售拜访可能不会有收效；没有反思，则难以为下一次拜访做策划。

为每次销售交流做策划是一流销售人员的习惯做法，这种做法从初次拜访一直持续到成交阶段。他们明白不策划的风险，所以他们会花时间来思考如何以最佳方式接近顾客，每次拜访应该专注于什么。他们这样做不仅能最有效地利用自己的时间，而且能更好地培养和顾客的关系。

联系，再联系

如果你充分了销售活动，那么你会发现，销售在很大程度上讲究的是你和顾客之间的关系——不是要挑战顾客或与顾客对抗，而是要和顾客建立良好关系。当然，产品和服务也重要，但尽管各家供应商的特色和优势各不相同，这些产品和服务通常都很类似，有时这些能够辨认的不同之处甚至可以忽略不计。因此，销售的成功通常归结于你和顾客之间关系的良好程度。

我们在本书中已经探讨了和顾客建立良好关系的重要性——找到共同点、确定相似的兴趣点、建立融洽的关系，并且保持联系。例如，我们在第4章中探讨了和顾客建立良好关系，为良好的开场打好基础的方式。在你们的销售交流有了良好的开场之后，你和顾客建立起来的良好关系并不会终结，和顾客建立良好关系是整个销售交流过程中（从开场到发现再到方案陈述和最后成交阶段，以及成交之后）一直要进行的必要工作。

和顾客建立良好关系有助于你建立融洽的氛围，建立信任度，并赢得顾客的信任。这有助于你发现关于顾客的关键信息，你可以利用该信息为顾客量身打造独特的满足其需求的解决方案，用有说服力的陈述向顾客介绍该方案的相关数据、特征和优势。并且，它能帮助你加快销售进程，达成更多交易。

一流销售人员把和顾客建立良好关系培养成一种习惯。他们对顾客进行研究，以找到和顾客建立融洽关系的独特方式。他们经常向顾客提问，积极听取回答，并不断地寻求顾客的反馈。

他们在进入下一步之前，会和顾客确认是否理解了相关内容。他们设法找到和顾客保持联系、给顾客留下深刻印象的方法。

和顾客保持联系的方式有多种。电话、电子邮件以及面对面的会谈是保持联络的常见方式。一流销售人员使用这些及其他方法和顾客保持联系。文章、博客帖子、业务通信和官方报告也有助于销售人员和顾客保持联系。在社交媒体上和顾客进行交流同样能使双方保持联络，这样的社交媒体有脸谱、推特、领英等。所有这些方法都是让顾客知道你一直想着他们、你对他们关注的话题感兴趣的有效方式。和顾客保持联系很重要。你要经常和顾客保持联系，并使之成为习惯。

当然，和顾客建立良好关系并非只是和你所做的事情有关，还和你做事的方式有关。你所使用的方法应该是销售进程的相应阶段最有效的方法，也最有可能和顾客产生共鸣。无论你采用什么方法，你都应该记住这两点。你不仅要让顾客知道你一直在关注他们，还要用令其感到舒适的方式让他们明白这一点。

正如同媒介和信息同样重要，你所说的话和你的表达方式同样重要。当你和顾客联系时，你要记住他们的交流风格。你要确保你们双方的说话方式是一致的。我们在第 6 章已经探讨过，在和顾客交谈时，你要使用顾客的言辞。重复顾客的关键词和短语是和顾客交流的有效方式：这能向顾客表明，你一直都在认真倾听他的谈话，并且知道了他所关心的事物。（我们将在下面进一步探讨倾听的重要性）

当然，你和顾客建立的联系应该不仅仅局限于销售对话。我们的研究表明，一般的销售人员经常犯的一个主要错误是，如果他们没有拿下这笔生意，他们就中断了和顾客的联系。他们通常在听到顾客拒绝后，立刻就停止和顾客的联系。但一流销售人员明白，无论生意是否成交，都要和顾客保持联络。

这样做的部分原因是，一旦你已经和顾客建立起融洽的关系、建立起信任度、赢得了顾客的信任，那么和顾客继续保持联系要比完全从头开始重新取得联系——努力再次建立起融洽的关系、建立起信任度、赢得顾客的信任——要更容易、更有效。保持联系能为你提供机会，探讨顾客可能有的其他需求，或者其同事、朋友或同伴可能有的需求。保持联系能让你给顾客留下深刻印象，当他再次准备购买时，你就是他最先联系的销售人员。

事实上，和顾客不断的联系能带来大量有形、无形的好处。一流销售人员通过不同交流途径和顾客保持联系，并通过和顾客分享顾客感兴趣的新闻和信息，给顾客留下深刻印象。他们还设法找到合适方法，找到与顾客的共同点和共同兴趣爱好，与顾客进行发自内心的交流，从而建立起融洽的关系。

■ 提出问题（并倾听回答）

一流销售人员常用的主要手段之一是提问。就加快销售进程，达成更多交易而言，针对合适的个人在合适的时间以合适的方式提出合适的问题是一个强有力的工具。一流销售人员不断练习充分利用成功销售的关键因素。

我们在本书中对于提问做了大量探讨。例如，我们在第 5 章讨论了在关键销售框架的发现阶段提出开放式问题的重要性。开放式问题非常有助于你了解顾客的需求、目标、优先考虑的事项和价值观。提出此类问题（并倾听回答）不仅能帮助你获得关于顾客以及如何满足其需求的重要信息，而且能进一步促使顾客把你视为对顾客想说的话真正感兴趣的人——这能表明你是受信赖的顾问，而不是一心只想达成交易的拿订单者。

我们已经着重提到过，研究表明，当你以合适的方式提出合适的问题时，顾客将准确告诉你应该以何种方式向他们销售何种产品或服务。当然，困难在于提出真正合适的问题。很多销售人员向顾客提出大量旨在引导出某个明确结果的问题。这些问题都是封闭式的，只需回答是或不是。这种方法很少奏效，不会将交易引向成功。这根本无助于顾客把你视为知识渊博、可靠的，能一再向你求助获取有价值建议的专家。实际上，提出开放式问题能带来更能透露内情的信息。以“什么”“在哪里”“哪一个”“谁”“为什么”“怎么办”“请告诉我关于……”开头的以及类似的问题能促使顾客向你透露更多信息，告诉你他们当前的状况、所希望的结果，以及需要什么才能从这种状况进入到另一种状况。

当然，你不能只是匆匆忙忙地提出一系列通用的开放式问题，并且只要听到你喜欢的回答就一个接一个地提问。这并非提问之道。实际上，你应该认真倾听顾客的回答。你应该专注地听，这样你才能提出合适的后续问题。如果有必要，你可以让顾客解释清楚。你要明确告诉顾客，你确实想和他谈论他的需求和目标。这样将进一步巩固他对你的印象，即你确实关心他及其所在机构，并且你愿意帮助他满足他的需求——而不是你想要获得这笔生意。

如果你希望和顾客建立良好关系，那么认真倾听顾客的讲话极为重要。通过提问并积极倾听回答，你不仅会进一步获取重要的信息，帮助你在达成交易的过程中遇到更少异议，而且有助于进一步建立信任度，赢得顾客的信任。我们已经提到过，倾听事实上可能“是销售人员所能拥有的最重要的技能”。此外，正如我们在先前所指出的，“人们发现，顾客对销售人员听力技能的看法与顾客对销售人员的信任、满意度，以及在未来和销售人员进行更多生意往来的意愿之间有着积极的联系”。你还要记住，未能认真倾听顾客谈话是成功销售的最重要的抑制因素之一。

一流销售人员经常练习好的听力技巧，这样他们就能和顾客建立更好的关系。对顾客进行研究、提出好的问题、和顾客保持联络——如果你没有认真听取顾客的回答，那么以上这些做法都不会起作用。就和顾客建立良好的关系而言，无论是第一次还是第一百次，无论是在开场阶段还是在商定成交阶段，无论是你获得还是丢掉了这笔生意，认真倾听都极为重要。

当你进行每一次销售对话时，不断提出问题、要求顾客解释清楚、询问反馈信息，以及进行确认，都至关重要。在第 6 章，当我们在探讨向顾客陈述为其量身打造的解决方案的最佳做法时，对询问反馈进行了谈论。在第 7 章，我们讨论了在商定成交时向顾客进行确认的重要性，确认能确保当你从建议解决方案过渡到提倡方案时，顾客明白并且为接下来的步骤做好了准备。我们还谈论了在合适的时机，向顾客要求得到这笔生意的重要性。

“提问，你就能收到信息。”

请注意，这句老格言并不是“说了许多，你就能收到信息”或者“讲述有关你的所有信息，你就能收到信息”。提问是一切其他事物发生的前提。一流销售人员明白，提问是有力的。很重要的一个方面就是，提问能促进每一次销售交流，并且因为它让你不仅能确认顾客的已知需求，而且能识别顾客的未知需求。提问能让顾客相信，销售谈话与他有关，目的是为了发现他们的需求，并找出哪些事物有助于满足那些需求。销售对话不是指销售人员吹嘘自己的经验或专门知识，或者自己产品或服务的质量，或者自己公司的优势。销售对话不是要公开试图说服顾客，你所提供的产品或服务是最好的。销售对话是指以合适的方式提出合适的问题，这样你们就可以一起谈论什么对顾客最有利。

一流销售人员懂得练习提问艺术，并积极倾听回答的重要性。他们必定会在销售进程的每个阶段都提出开放式问题，在关键时刻提出封闭式问题，以便征得顾客的同意。他们并不害怕寻求反馈，进行确认。事实上，就销售额和销售活动而言，一流销售人员几乎无所畏惧。

关键时刻　别忘记“不该做的事”

销售技能、策略和最佳做法对于一流销售人员的职业发展十分重要，当你在学习掌握这些技能、策略和最佳做法时，还有许多需要了解的事物——等待尝试的新方法、等待练习的新措施、等待采纳的新思维方式。但也有许多不能做的事情。你应该避免下面列举的一些易犯的常见错误。

- 不要试图从关键销售框架的各个阶段中进行挑选和选择。关键销售框架是一个完整的过程，不可以从中随意挑选。一流销售人员懂得在每次面对每一位顾客时遵循所有步骤的重要性。每个步骤，无论有多小，对于整体的销售成功都发挥了重要的作用。
- 不要想当然地认为每位顾客已经视你为受信赖的顾问。你应该了解你和每位顾客之间关系的发展态势，这样你就能专注于能增进和每位顾客之间关系的技能。

- 不要漏掉对每次销售对话进行策划。你要为每次销售对话都进行一些策划，以此做好准备。你要认真思考谈话的对象、话题、目标以及达到这些目标的方式。不要以为你能临场发挥就盲目地开始销售拜访。
- 不要忘了进行反思。在每次销售交流之后，你要花几分钟的时间做记录，记下你所了解到的信息——这要在拜访之后尽快进行。不要因为自认为能够记住而白白浪费了所了解到的信息。
- 不要认为某一种方法适合所有人。在销售进程的每个阶段，你都要为每位顾客量身定制相应的方法，要确保你和顾客的个人交流风格以及他们在购买过程中所处的阶段保持一致，要确保你们所谈论的内容对顾客很重要，而不仅仅是对你重要。
- 不要审问顾客。你应该向顾客提出有针对性的问题，以了解他们的需求，但是不要接二连三地提出一系列尖锐的问题，以至于让顾客感觉你似乎是在审问他们。要保持交流的对话性——谈话有重点，态度要友好，既不要强求，也不要刨根问底。
- 不要在时机未到时商定成交。遵循销售进程的步骤至关重要。你没必要催促顾客，给顾客施压，或者哄骗顾客购买你的产品或服务。你要花时间建立和顾客之间的融洽关系，赢得顾客的信任。不要仓促推动销售进程，不要认为你必须总在商定成交。

- 不要害怕异议。不要把异议视为失败的信号，而应该把它们看作机会——进一步了解顾客，帮助顾客明白你的产品或服务如何满足其需求，进一步讨论顾客所关注的问题的机会。

一流销售人员不会寻求抄近路的方法。他们明白，通过遵循销售进程，在每次面对每位顾客时经历关键销售框架的每个阶段，他们将加快销售进程，达成更多交易。没有理由仓促推动销售进程，该进程会按照自己的方式进行，自然而然地带来互惠互利的成交。

调整态度

如果一流销售人员确实不害怕提问（我们的研究也表明了这一点），那么这种无畏就和态度有关。实际上，成功通常和态度有关。

在本书中，我们已经探讨了积极态度的重要性。在第 2 章，当谈到欣然接受完成关键销售框架的每个阶段所必须做出的改变时，我们重点讨论了采取开放、成长心态的重要性。就做出改变而言，态度尤为重要，不仅因为大多数人首先不愿意做出改变，而且因为我们需要理解、接受并相信我们所面对的变化。如果不接受变化，不愿意改变态度，不致力于改变自身行为，那么改变就不会发生。

从本质上讲，大多数人对于变化的态度都是“这对我有什么好处呢”。大多数人都会根据维持现状的利弊来权衡做出改变的利弊。如果认为改变的影响对我们不利，那么，改变也不会发生。

但是，一流销售人员乐于接受改变。他们确定改变会使他们本身以及他们的公司受益。他们愿意尝试新事物来提升业绩。为了让他们的努力带来更好的结果，他们乐于接受改变行为的观点。他们赞成终生学习、继续教育，以及不断接受培训。他们愿意练习，练习，再练习——他们会竭尽全力去获取那种优势。

就提升销售业绩而言，态度至关重要。销售无关才能和运气。销售不仅仅关乎你投入了多少小时，或者你付出了多少努力，也不仅仅关乎你拜访了多少顾客。销售讲究的是要进行练习、培训，运用那些经过证明了的、旨在帮助你达成更多交易的方法。

日益变化的时代需要新的销售进程。如今精明顾客的期望也发生了变化，即便与几年前相比，也有所不同。改变的步伐很快，如果你坚持使用往昔的方法学，那么你将被淘汰出局。

我们此刻所谈论的是如何成为和顾客建立良好关系并成为受信赖顾问的一流销售人员。为了和当今顾客成功进行销售交流，一流销售人员愿意学习新技能、新策略，愿意接受培训，并进行练习。

我们不是在要求你变成另外一个人，也没有坚决要求你信从个性崇拜。我们的建议是，当你明白这样做将如何使你受益，且当你敞开心扉采纳我们的研究证明奏效的直觉的策略、技能及最佳做法时，改进你的行为要变得更为容易。我们的研究还表明，反复练习很重要，提升技能很有价值，并且一流销售人员完全明白，如果他们想成为最佳销售人员，那么就要不断做出改进。

大多数人往往都会抵制改变。我们往往会觉得，我们已经知道自己需要知道什么，尤其是如果我们是享有终身职位的销售人员，在职业生涯中已经取得了一些成功。但如果你在 2016 年采用 1996 年所使用的销售方法，甚至 2006 年的方法，那么你很可能已经养成了某些需要加以改进的不良习惯。如果情况确实如此，那么现在可能是做出改变的时候了。

现在是时候考虑欣然接受能帮你提升销售业绩的改变了吗？让我们来看看吧。

请仔细看一看下面的清单。思考每一条，并考虑你是否认同。要诚实面对自己（除了你自己之外，没有其他人必须看这个）。

- 达到或超过我的销售业绩和以往一样容易。
- 如果我丢掉了一笔生意，那么通常都是因为顾客不明白我的产品或服务能为他带来什么样的益处。
- 顾客基本上和以前一样。
- 我在向顾客介绍产品或服务之前，没有时间向顾客提出太多问题。
- 和顾客进行交流时，要坚定自信。
- 我通常都认为自己了解顾客的需求。
- 我的陈述适合所有顾客。
- 向顾客要求得到这笔交意并商定成交，再怎么早都不为过。
- 与竞争对手的行为比较起来，我自己公司所做的事情对我和我的顾客更为重要。
- 对于顾客而言，我表现得友好、讨人喜欢是最重要的事。
- 我没有时间参加培训研习班和研讨会。
- 我已经把我的方法磨炼成可靠的方法，对所有顾客都奏效。

在以上说法中，如果你同意的数量多于你不认同的，那么就说明你的态度和行为应该有所改变了。这是为什么呢？因为每个说法讲的都是过时的思维，这种过时的思维会使得销售人员沉迷于现状，而周围其他人则在不断前进，紧跟变化的步伐——紧跟顾客的脚步。

你是否做好了竭尽全力紧跟变化步伐的准备？你是否准备好和顾客建立信任从而使顾客视你为能一再向你求助的受信赖顾问？你是否准备好重新考虑该如何开始销售拜访？你是否准备好使用新技能来进一步了解顾客？你是否准备好利用行之有效的策略来陈述能满足顾客需求的量身打造的解决方案？你是否做好准备和顾客一起朝着自然而然的成交而努力？

我们希望如此。因为无论你是否已经做好准备，变化都已经发生。无论你是否愿意，是否能够跟上正在动摇销售世界的变化的步伐，销售活动都完全取决于你自己。如果你希望成为一流销售人员，如果你想要加快销售进程，达成更多交易，遇到更少异议，那么你必须采取积极的心态，乐于接受改变，积极寻求训练，并不断练习在未来几年能使你成为受所有顾客信赖的顾问的技能、策略和最佳做法。

关键时刻　致力于改变，并采取行动

你怎样吃下一头大象？回答是：一次吃一口。

就接受改变而言，这个老套的类比很恰当。我们知道，改变可能让人望而却步。试图重新修订整个销售方法似乎令人无所适从。

所以你不要这么做，不要把整个销售方法都改变了。

至少不要一下子就完全改变。

我们希望你能乐于接受改变，希望你致力于达到最好的状态，

希望你能全心全意遵循关键销售框架，这样当你和顾客建立良好的关系，并赢得他们的信任时，就能加快销售进程，达成更多交易。

但这并不意味着我们认为你应该一下子解决所有事情，或者你要解决所有关于销售方法的事项。你很可能在某些方面做得很好，只需对其他一些方面稍加调整。如果你所做的事是正确的，那么些许的改变就可能意味着大收获。

大的改变是许多小步骤带来的结果。因此，你不要一下子完全改变销售方法的每个方面，而要致力于处理好三个技能和最佳做法。认真练习这三个技能和最佳做法，直到你感觉自己已经完全掌握了，然后接着再处理另外三个，以此类推。

看一看下面的清单，选出你想最先集中精力做的三件事：

- 确认我和每位顾客的关系处在哪个程度。
- 在每次销售对话之前，一定要使用拜访前策划手段，并使之成为习惯。
- 为每次销售交流设定明确、合适、可衡量的目标。
- 使用拜访后策划手段或快速记录一些关于顾客的信息，在每次拜访后进行反思，并养成习惯。
- 识别每位顾客的交流风格，并对销售方法做相应的调整。
- 在每次销售对话的开场阶段，在电子邮件和语音邮件中进行“合理目的陈述”。
- 提升我的表现（语言、声音音质和身体语言）。
- 提出针对六个重要的关注领域的问题。
- 积极听取顾客的谈话，必要时要求顾客说清楚或进行解释，在进入下一步之前确认顾客理解了你的意思。

- 把产品或服务的优势一一讲清楚，保持每次拜访交流的对话性，根据顾客的情况调整销售方法，从而和每位顾客建立起密切联系。
- 找到巧妙延迟讨论价格的方法或为顾客提供一个价格范围，来应对顾客的早期价格要求。
- 为顾客陈述专门为其量身打造的解决方案，满足顾客所告知的需求和目标。
- 每次陈述后都要向顾客寻求反馈，并判断顾客对我所建议的解决方案的满意度。
- 调整交流方法以便进行有说服力的陈述，把解决方案和顾客的需求联系起来，调整声音音质，重复顾客所使用的言辞。
- 利用社会认同、应对顾客的其他选择，并帮助顾客认识到他们的决定会带来的后果，以此来强化解决方案。
- 在朝着商定成交阶段前进时，和每位顾客总结已经完成的对话内容。
- 积极提倡我所陈述的解决方案，并要求顾客向前迈进，从而从他们身上获取购买承诺。
- 明确接下来的步骤，确保顾客完全明白接下来会发生什么，以及该由谁来负责什么任务。
- 在销售进程的每个阶段，在进入下一个步骤之前，都要和顾客确认是否理解。
- 接受异议，把异议看作销售进程的一部分，设法找到一种以顾客为中心，并且不会产生抵抗情绪的方法来处理异议。

改变需要时间。事实上，传统观点认为，养成或改变一种习惯大约需要 30 天的时间。你要在大约下一个月的时间里努力完成你致力于完成的事，并对过程进行评价。当你确定新习惯对你的业绩产生了积极作用时，就再练习另外三个技能或最佳做法。慢慢地，你会发现你的整个业绩提升了，并且加快了销售进程，达成了更多的交易。

Critical Selling

附录

个案研究：迈珂隆集团

个案研究：迈珂隆集团

我们的雅尼克绩效团队和各行各业的多家机构进行过合作。这些年以来，我们和几千名销售人员进行了合作，帮助他们提高销售技能，从而加快销售进程，达成更多交易。有些客户参加了我们所举办的各种公共研讨会，大多数客户则是和我们直接接触。

迈珂隆集团就是和我们直接接触的客户。这是一家私人集团，成立于 1956 年。该集团在 2010 年与我们取得了联系。迈珂隆的总部位于芝加哥郊区，在显微镜学、微量分析、材料表征、仪器销售，以及相关教育等领域居于世界领先地位。该集团由三家成员公司组成，即迈珂隆联合股份有限公司、迈珂隆显微镜及配件有限责任公司、胡克应用科学学院有限责任公司。此外，迈珂隆集团还提供两种免费资源：McCrone Atlas.com 和 ModernMicroscopy.com。为了便于对此个案进行研究，我们将专注于该集团的三家核心公司。

迈珂隆联合股份有限公司在三家公司中历史最长。该公司专注于为来自学术界、行业、临床实验室、政府机构，以及科学研究界的各类客户解决材料和粒子识别问题。该公司有一个科研人员团队专门分析各种材料和粒子，他们直接和客户进行商讨，运用先进的显微技术和仪器帮助客户解决问题。

迈珂隆显微镜及配件有限责任公司专门从事仪器销售，包括显微镜、数码显微镜系统、数字成像系统、各种实验室用品和其他技术产品。对显微镜学领域的科研人员而言，这家公司的技术销售人员是受信赖的顾问。

胡克应用科学学院与其他大学、学院合作提供大学课程，为世界各地的科研人员提供教育和培训，还提供光镜和电子显微镜学、样品制备、光谱学以及图像分析领域的专业发展课程。

尽管这三家公司的主要业务各不相同，但也有重叠部分。三家公司所提供的产品或服务全都与显微镜学和微量分析有关。这三家公司都拥有具有高技术背景、直接和顾客打交道的员工。这三家公司都拥有一些相同的顾客群体，这些顾客的需求主要集中在显微镜学、微量分析及相关领域。整个迈珂隆集团希望提高其整体的销售量，但该集团基本上是从三家独立公司的角度和我们进行合作，每家公司都有其独特的有关销售工作和销售行为的挑战。

挑战

尽管迈珂隆集团的每家公司都面临着各自的独特挑战，但它们的状况实质上有几个核心问题：三家公司需要更有效地进行合作，从而更好地满足顾客的需求；作为同一集团的组成部分，它们需要更好地利用顾客关系；为了让销售量最大化，每家公司都需要少一些被动反应，多一些积极主动；所有员工不仅要把自己看作科研人员或技术人员，还要把自己看成受信赖的顾问；最后，该集团需要发展更多顾客，和顾客建立更深入的关系，来提升整个集团的销售量。正是这些挑战最终促使迈珂隆集团和雅尼克绩效团队进行合作。我们现在来看一看每家公司的状况及各自面临的独特挑战。

迈珂隆显微镜及配件有限责任公司

迈珂隆显微镜及配件有限责任公司的技术销售人员全都具有科学背景。当有顾客来访，要求购买该公司产品目录中的主要产品时，他们的主要工作是制定集客式订单。由此看来，他们是被动的，而非积极主动。迈珂隆集团需要每位员工都更加关注顾客需求，提出更多问题，更加认真地推荐仪器和设备，从而更好地为顾客服务。如果不这样做，那么就会导致错失机会并丢掉生意，同时很不利于培养和顾客的良好关系。该公司的首要挑战是提高其销售人员的销售技能组合，教他们成为真正的受信赖顾问。

迈珂隆联合股份有限公司

迈珂隆联合股份有限公司拥有这样一群科研人员，他们的工作包括对项目进行管理，他们每天都直接和客户打交道。这些科研人员根本不把自己看作销售人员，销售对他们而言并非自然而然的事。他们中的大多数人愿意讨论项目中与科学有关的部分，从这个角度来看，他们是受信赖的顾问。但很少有人受过任何正式的销售培训，而正式的销售培训能帮助他们轻松应对项目中的“销售”部分，并和顾客建立更牢固的关系。该公司的科研人员面临着技能组合和心态方面的挑战。

胡克应用科学院有限责任公司

和迈珂隆联合股份有限公司所面临的问题类似，胡克学院的团队也非常被动。该公司需要发展更多的推播式业务，以建立新的渠道，发展新学生。在胡克学院，行政管理人员还要担任登记员，他们中的大多数人都不熟悉如何培养和顾客的关系。胡克学院的团队在这个领域经验不足。他们所面临的挑战是，需要获取必要的技能组合来接触更多的潜在学生，并变得更加积极主动。

因为迈珂隆集团的员工往往都是被动有余、主动不足，并且其中大多数人从未接受过任何正式的销售培训，所以他们很难从拿订单者蜕变为受信赖的顾问。我们来回想一下在第 1 章的讨论。当时，我们讨论了销售人员和顾客之间的关系可以达到四种不同的层次，即拿订单者、友好的销售人员、有效率的销售人员和受信赖的顾问，这四个关系层次构成了“关系连续体”。一流销售人员在受信赖的顾问这个层次最擅长加快销售进程，达成交易，并发展业务（他们自己的以及顾客的业务）。受信赖的顾问正是迈珂隆集团希望其科研人员/销售人员团队所达到的层次。

迈珂隆集团的领导知道集团的业务每年都在向上增长，但他们也意识到集团能得到更好的发展——能拥有更多的客户，能抓住更多的机会。此外，他们还认识到，尽管这些人员首先是科研人员，但他们也是每天和顾客打交道的销售人员。作为具有双重身份（既是科研人员又是销售人员）的人员，他们意识到，如果他们想继续让集团得到发展，那么他们可能需要改进销售方式。由此可见，这些肩挑两职的人员正在错失机会，这妨碍了他们进一步增进和顾客的关系，从现有顾客身上获取更多生意。这些人员需要接受培训，但他们首先需要改变心态。

解决方案

我们在第 2 章详细讨论了保持开放心态的重要性。当销售人员想提升业绩，希望掌握旨在帮助改变行为的各种技巧、策略和最佳做法时，保持开放心态至关重要。无论销售人员有何种任期，无论身处哪个行业，都是如此。这正是迈珂隆集团的销售人员明白了的道理。

迈珂隆集团员工的心态差不多是“我们是科研人员，不是销售人员”。该集团那些做事方式已经固化的终身任职的销售人员，必须克服“教因循守旧的人学会新技巧”的挑战，迈珂隆显微镜及配件有限责任公司的员工们尤其如此。

“我们认为，应该让这些科研人员学习一些销售技巧，”迈珂隆联合股份有限公司的董事长大卫・维利说道，“因为这是项目管理的一个方面，是和顾客初次打交道的一个方面。当然，我们的科研人员能受益于传统销售人员在和顾客打交道、理解顾客需求、建立价值的过程中所使用的一些手段和知识。”

我们认识到心态是提高迈珂隆集团整体业绩的一个重要方面，所以我们所提供的解决方案包括一个三管齐下的方法：准备和策划、团队培训、保持技能。

准备和策划

雅尼克的专业人员和迈珂隆集团的领导及员工们密切合作，从整体上了解该集团及三家独立的公司。雅尼克按照迈珂隆的需求为其量身打造的培训方案对于该集团决定和雅尼克合作起到了推动作用。于是，在几天的时间里，雅尼克团队在现场拜访该集团时会见了主要的利益共享者，并和领导者及管理者进行了交谈。雅尼克团队和每家公司的员工进行了交流，并察看了现场销售交流。雅尼克团队需要了解迈珂隆集团的现状以及该集团所面临的挑战，因为正是这些挑战促成了该集团和雅尼克的合作。双方的主要利益共享者通力合作，以确认迈珂隆集团三家公司的科研人员/销售人员是如何与顾客进行交流的，哪里存在差异，以及每家公司需要什么样的培训。在深入细致的信息收集过程中，雅尼克团队对迈珂隆集团的主要利益共享者及管理者进行了访谈，旨在为该集团量身打造销售培训体验。

要想让每家公司的科研人员/销售人员知道雅尼克团队明白他们来自何处，还明白他们想成为真正的销售团队以及想为整个集团逐渐灌输一种“销售活动和销售行为”的心态，准备和策划至关重要。同样重要的是，雅尼克团队要使用迈珂隆集团所使用的一些行话。例如，因为迈珂隆联合股份有限公司的科研人员首先把自己看成科研人员，而不是销售人员，所以雅尼克的团队成员认真了解了他们的高技术专长和背景。这有助于让他们感到自在，更乐于接受培训过程。

团队培训

雅尼克团队知道迈珂隆联合股份有限公司和迈珂隆显微镜及配件有限责任公司对于销售活动及销售行为的心态尤其不同，所以他们为每家公司都准备了独特的教学实例，并为销售培训实施不同层次的打造方式，各家公司的员工将在内部研讨会及其他研讨会期间进行体验。雅尼克为迈珂隆集团的科研人员/销售人员，以及领导者和管理者提供量身打造的培训。

销售培训

模块化培训包括亲身实践练习、角色扮演场景以及互动实例，帮助科研人员/销售人员把所学到的内容运用到现实场景中。重要的是，培训要由理论转化为实际应用。所以，每次现场培训为期两天，总共举办了几次，为科研人员/销售人员提供能立即运用的真实技能。

领导才能培训

此外，雅尼克团队还和领导者及管理者进行了合作，向他们介绍销售指导技巧，在培训结束很长时间之后，他们可以利用这些销售指导技巧继续鼓舞并指导员工。我们利用适用的手段对领导者及管理者进行了指导，他们能利用这些手段来培养技能、有效指导，并实施业绩管理体系，该体系能跟踪员工的培训状况，比如，谁接受了培训，多久进行一次，以何种方式接受了培训。

保持技能

在培训期间，雅尼克团队为科研人员/销售人员、领导者以及管理者介绍了“关键销售框架”。培训结束之后，雅尼克团队和迈珂隆集团通力合作，确认该集团需要采取哪些行动来引领改变，强化技能，指导管理者，以及对培训进行补充。培训的后续措施包括网络研讨会、复习进修课程、不断举办的讨论，以确保员工们所学到的经验得到了实施，并确保相关技能转化为员工的个人习性以及集体的整体惯例。

只有当心态问题得到解决之后，迈珂隆集团和雅尼克团队才能一起合作精心打造解决方案，帮助迈珂隆联合股份有限公司、迈珂隆显微镜及配件有限责任公司、胡克应用科学院有限责任公司更好地满足顾客需求，和顾客建立良好关系，并扩大他们的业务。该解决方案需要解决迈珂隆集团的主要问题，这包括和顾客建立长期关系，发展业务，让科研人员/销售人员转变成受信赖的顾问，但同时又不影响销售此类专业产品和服务所需要的科学及技术专业知识。

“我们所销售的产品具有技术性，因此销售这些产品需要具有一定的教育水平，” 迈珂隆显微镜及配件有限责任公司与胡克应用科学院有限责任公司的总裁杰夫·麦金说道，“所以，就这些高技术设备而言，‘受信赖顾问’的整个概念、你如何对此进行界定，以及你如何成为顾客的受信赖顾问，都很重要。我们希望人们依赖我们，再次成为我们的顾客。这并非只关乎大买卖。这关乎的是和顾客建立关系，并能够进一步推进关系，无论是后续的配件销售、顾客可能需要的另外系统，还是维护顾客所购买的产品。我们感觉，这是我们作为一个整体必须做的事，我们不仅要取得发展，而且要把工作做得更好。”

实施解决方案

每个行业都不同，每一名销售人员也不一样。销售培训应该专门针对迈珂隆集团的特定需求，尤其是针对其独特的具有双重身份的员工（科研人员兼销售人员）。因此，每一次销售培训都要结合迈珂隆集团的具体需求。迈珂隆集团的领导层认为，没有员工认为他们只是从整个培训中获得了一些有用的东西，而其他内容都是在浪费时间。模块化的培训方法有助于让员工们感觉他们全身心参与其中，他们的时间花得值。

除了量身打造的培训研讨会之外，练习部分也有助于迈珂隆集团的员工们实施所学到的技巧和策略。雅尼克团队在员工们学习新的概念之后，鼓励他们在彼此身上练习新技巧和策略，一起充分检测现实世界场景。迈珂隆集团的销售人员在顾客身上试用新技巧之前在公司内部先进行练习，这有助于他们建立自信。此外，因为所有员工都来自同一家集团，他们都具有类似的科学和技术背景，有着类似的需求和看法，这使得他们在接受培训以及在彼此身上练习新技巧时感觉更为自在。

员工们除了采取“销售活动加销售行为”的心态以及练习关键技巧和最佳做法之外，促进本集团的发展以及从拿订单者蜕变为受信赖的顾问，对于迈珂隆集团也同样重要。他们通过加强与客户及顾客已经在进行的对话来学着进行改变。尽管该集团的科研人员/销售人员一直以来都和顾客进行全面深入的讨论，以了解顾客的特定需求，但他们的谈话并未超出最基本的问题以发现顾客的额外需求。此外，他们并不一定会把所进行的交流视为整个发现过程的一部分，而完整的发现过程有助于他们满足顾客的需求，达成更多的交易。

迈珂隆集团的领导们认识到本集团的科研人员/销售人员并不一定会把发现过程视为整个销售进程的一部分，这让他们意识到，这些人员甚至不清楚自己不懂得如何向顾客提出正确的问题。他们并未专注于提问来发现顾客的需求，或者深入挖掘顾客的价值观和目标。他们没有积极实施有助于发现顾客需求的发现过程。

科研人员/销售人员在接受培训、进行练习之后，很快就明白了以顾客为中心的提问的重要性。因此，他们能更好地和顾客进行有意义的、富有成效的交流。他们学会了如何根据客户的实际情况来提出问题，如何围绕他们所提供的独特产品和服务，以及他们能和顾客一起分享的专业见解和建议来设计提问。在迈珂隆联合股份有限公司，科研人员能更好地和客户谈论其方案的所有内容，从而能成功实施方案，在实施过程中遇到的异议更少。学习如何在早期阶段利用提问来发现有关顾客的重要信息是，正如维利所说的，“一个顿悟的时刻”。

学习了如何在合适的时机提出合适的问题，以及如何更好地倾听顾客的回答，他们能够更进一步了解顾客，发现那些顾客尚未意识到的未知需求，有助于达成更多的交易。这与我们在第 5 章所讨论的内容非常一致。我们在第 5 章专门讨论了发现的重要性。学习如何提出问题并倾听回答，科研人员/销售人员更善于深入挖掘，从而增进关系，加快销售进程，并达成更多的交易。

我们还要指出，迈珂隆集团的许多科研人员兼销售人员事实上已经在运用一些关键销售技巧，尽管他们起初并未这样认为。意见不一致的地方是他们对如何看待销售技巧的消极观念。他们已经在使用培训中所讲述的技巧——只是他们看待那些技巧的心态需要调整。从本质上讲，一些从事销售的人应该接受这样的观念，即销售心态并非负面因素，他们能使用“关键销售技巧”来为顾客提供更多信息及更好的顾客体验。实际上，当这些科研人员发现，雅尼克所提供的销售技巧是他们已经在使用的方法，并且如果他们能完善这些技巧，他们就能提升顾客体验，他们感到很吃惊。尽管他们刚开始并不愿意接受销售培训，但他们很快就意识到，他们都在朝着相同的方向前进，他们在使用类似的技巧，他们实际上都希望能更好地使用改进了的销售技巧来帮助顾客。

培训结果

回想一下迈珂隆集团所面临的几个挑战：三家公司应该通力合作，从而更好地满足顾客的需求；集团作为一个整体应该更好地利用顾客关系；每家公司都需要少一些被动反应，多一些积极主动，以使得销售量最大化；所有的员工都不仅要把自己看作科研人员或技术人员，还要把自己视为受信赖的顾问；最后，该集团需要通过发展更多顾客，和顾客建立更深入的关系来提升整体销售量。

迈珂隆集团的每家公司都希望得到发展，尽管它们所采取的方式有所不同。即便如此，这三家公司都经历了类似的整体效果，最大的积极效果之一是打破了“筒仓效应”，所有员工开始更为密切地配合，以提升整体的顾客体验。通过准备和策划、团队培训、保持技能来实施解决方案，雅尼克团队和迈珂隆集团一起合作获得了两个另外的主要结果：销量增加和文化改变。

销量增加

在接受销售培训后，迈珂隆集团的销量年年持续增长。此外，该集团拥有了更多的回头客，改善了和顾客的交流，不断地开拓新的市场，实施了更有效的推播式销售。集团的平均交易规模增大了，因为更加关注顾客的方法已经使销售人员变成了受信赖的顾问，他们能更好地识别顾客的需求，能够销售更多的产品和服务。因此，受信赖的顾问在整个集团都能享有更为丰富的顾客关系。

迈珂隆集团引进雅尼克团队这个系统外机构，能更为客观地分析他们当前所处的形势，这使得他们能以不同的方式来看待问题。雅尼克的培训还为销售团队提供了接触顾客的新策略和新手段，引起了员工的积极共鸣，直接促进了销售量的增长，使销售量每年都在继续增长。

在过去，顾客通常向销售人员要报价，销售人员则提供报价。过去的销售进程是简单的接受订单的过程。迈珂隆集团的领导者认识到了发展的需要。“我们都希望得到发展。” 麦金说道。在过去，机会往往一再突然出现，该集团的科研人员/销售人员也常常和顾客一起讨论问题，但是没有有效的后续措施，也没有对顾客关系进行有效处理。“我们认识到我们过去所做的还远远不够，” 麦金说，“实际上有更好的处理顾客关系的方式。”

自从迈珂隆集团采用以顾客为中心的销售方法后，该集团已经更好地发展了顾客关系。本次培训不仅增加了销售量，而且改善了顾客关系——并且没有影响销售人员满怀自信地以权威的方式销售此类专业产品和服务所需要的科学及技术专业知识。

“我们现在都是销售人员，” 麦金说道，“我们都喜欢显微镜学。我们也是科研人员。”

文化改变

迈珂隆集团的三家公司一旦都把自己视为同一家集团的构成部分，共同构成一个完整的团队，进行通力合作，建立和顾客的良好关系，他